思ったことを「そのまま言うな！」

とっさの伝え方

○《まる》×《ばつ》ルール37

櫻井弘
Hiroshi Sakurai

すばる舎

思ったことを「そのまま言うな！」　とっさの伝え方 ○×ルール37

目次

1章

なぜか、引き受けてもらえない人のための「頼み方」ルール

2章 つい、自分目線で話してしまう人のための「打合せ・報連相」のルール

伝言「トラブルが起きたので、これから緊急対応しなくてはならない。
A社に、午後2時のアポイント時刻を30分ほど遅くしてほしい旨を伝えて！」

3章
価値観を押しつけてしまう人のための「自己主張」のルール

4章 無意識に「命令口調」になってしまう人のための「依頼・催促・断り」のルール

5章

職場の人、お客さまと話すとき、シーンとしてしまう人のための「会話」のルール

装丁 井上新八
カバーイラスト 加納徳博
本文デザイン・イラスト 草田みかん

プロローグ

いつもの言い方、どこがダメなのかわかりますか？

こんにちは、櫻井弘です。

本書『とっさの伝え方　○×ルール37』を手に取っていただきありがとうございます。

まずは、本書を読み進めていただく前にお話ししたいことがあります。

それは「人を動かす伝え方」に対する誤解です。

この誤解に気づいていただくために、次の「日常フレーズ」のどこがダメなのか、一度、考えてみてください。


上司と話すとき、こんな切り出し方をしていませんか？

「ちょっとご相談したいことがあるんですが！」

「急いで見てほしい書類があるんですが！」

職場の人に仕事を頼むとき、こんな言葉が口をついていませんか？

「そんなに時間はかからないと思うので」

「すぐにメールで送っていただけますか？」

取引先に依頼・催促するときに、こんな言い方をしていないでしょうか？

「やり直してほしい箇所があるんですが！」

「至急、見積書をお送りください」

時と場合によりますが、基本的に、これらの伝え方、言い方はすべてNGです。

一見すると丁寧な言葉づかいですし、職場でよく耳にするフレーズかもしれませんね。

それでは、これらのフレーズはなぜダメなのでしょうか？

実は、どれも「自分が！　自分が！」という気持ちが先行していて、相手の状況に合わせた言い方になっていません。

いわゆる「自分目線」の言葉。「上から目線」「命令口調」「言葉足らず」といった相手に拒否反応を起こさせる典型フレーズになっているのです。

これでは残念ながら、些細な頼み事すら聞いてもらえなかったり、意見が通りにくかったりして、気まずい思いを繰り返すことになります。

人に気持ちよく動いてもらえる人の共通点とは？

私は長年、話し方コンサルタントとして様々な職種、立場、年齢の人とレッスンを繰り返してきました。数多くの企業に出向き、「この人の話し方は素晴らしいな」と感心させられるケースも多いですね。人に話し方を指導し、ときには学ぶ機会をいただきながら、よりよい話し方の探求を続けています。

こうした経験を積み重ねながらつくづく感じたことがあります。

それは、人に気持ちよく動いてもらえる人は、話を切り出すときのひと言、話をつなぐちょっとした言葉、そして話をまとめる際の締めの言葉など、とっさの伝え方に隙がないということです。

話している内容がどんなに立派で、伝え方が丁寧であっても、要所、要所で相手の気持ちを害してしまったら、あなたの話を相手が受け入れてくれないのは当然です。

冒頭のひと言で、イラッとされたら、その時点でお終い。

もしも、あなたが一生懸命伝えているにもかかわらず、上司や先輩、同僚に後輩、取引先やお客様の心に響かず、望み通りに動いてもらえないならば、「話の内容」を見直す前に、ご自身の「いつもの言い方」をチェックしましょう。

実は、これだけで問題の8割以上は解決できるかもしれません！

目線が変われば人生が好転します！

それでは「目線」の点検から始めましょう。人に気持ちよく動いてもらうポイントは、相手目線で言葉を選び、相手に伝わることに主眼を置くことです。

難しそうに感じるかもしれませんが、原理原則は実にシンプル。

本書では、「正解フレーズ」と「自分目線フレーズ」を対比して○×式で紹介していきますので、クイズ感覚で問題に挑み、いつもの言い方を点検してください。ちょっとした言葉の変化で、伝わる度合いがいかに変わるか実感できるはずです。

読後にはこんな嬉しい効果が訪れます。

- 上司が、より親身に話を聞いてくれる
- 無愛想な職場の人が、喜んで協力してくれる
- 取引先が、締切前に納品してくれる
- パッとしない会話が俄然盛り上がる

さらに、「自分目線」発言に気づき、少しでも「相手目線」に立った話し方ができるようになると、その副産物としてコミュニケーションが激変し、仕事の成果もぐんぐんアップしていくことでしょう。

とっさの伝え方が変わるだけで、人生が好転していく。何だかワクワクしませんか？

つねに「誰に、何のために伝えるのか？」を考えて言葉を発することで、あなたの願い、要求はきちんと伝わり、すんなり受け入れてもらえるようになります。

さあ、これからご一緒に、より伝わる表現方法を見て参りましょう。

著者

1章

なぜか、
引き受けて
もらえない人のための
「頼み方」ルール

ちゃんと伝わる！引き受けてもらえる！3つのルールとは？

また相手に伝わらない
せんぱーい
そんなあなたに3つのルールを教えるわ！
①重要な結論から先に言う
寿司を奢って！
結論！
②理由・根拠を述べる
今日は給料日だしお寿司が大好きだから
③具体的に確認する
本日19時に寿司屋集合です！
私が奢るの⁉

ホテルでガッカリな「事件」発生！

本章のテーマは「頼み方」です。相手にちゃんと伝わり、引き受けてもらえる頼み方のルールを紹介していきます。

それにしても、自分の頼み事を聞き入れてもらい、相手に動いてもらうのは大変なこと。**自分では「上手に頼んだつもり」でも、「正しく伝わっていなかった」ということもよくあります。**

その一例として、ある若手話し方インストラクターのエピソードを紹介しましょう。

彼は研修のために、前日の夕方、ビジネスホテルにチェックインしました。部屋に入るとネクタイを取り、洋服ダンスの上に置きました。すると、白い埃がうっすらとではありますが、溜まっていました。

慌てて、ネクタイの埃を払ううちに、やけに腹が立ってきました。洋服ダンスの上をきれいに掃除してもらうように頼まなくてはなりません。

夕食に出かける際、フロントに行き、なるべく「穏やかな言い方」で頼むことにしました。

「私はこのホテルは初めて利用しますが、とてもきれいで気に入っています」

当然ホテルのフロントの人は「ありがとうございます」と、御礼の言葉を返します。

続けて彼は、冷静な声で事実だけを淡々と話すように心がけました。

「ただし、一点だけ残念な点がありました。それは、洋服ダンスの上に埃が溜まっていることです。折角、ほかが綺麗でも洋服ダンスの上に埃が溜まっているのでは台無しですよね。おまけに私のネクタイをそこへ置いたものですから、ネクタイが埃だらけになってしまいました」と。

するとすかさずフロントの人は、

「それは大変失礼いたしました。ネクタイは大丈夫でしょうか？　クリーニングいたしましょうか！」

と申し訳なさそうに応えました。彼は、

「いやいや、ネクタイの方は大丈夫です。それより、タンスの上は掃除しておいた方が良いですね！　私はこれから食事に出かけますので、よろしくお願いいたします」

と穏やかに言って外出したそうです。

「よしよし、上手く頼めたぞ！　食事が終わって部屋に帰る頃には、タンスの上の掃除もしておいてくれるはずだ」

と内心ホッとして、いい気分で外食することができました。

そしてホテルに戻り、フロントで鍵を貰い、自分の部屋に入り、早速タンスの上を見てみると……なんと、埃が溜まったまま！

「掃除をしておいて当然」と思っていた彼は、たまらず感情的になり、電話口でフロントマンに怒鳴ってしまったそうです。

先に結論を言ってしまえ

なぜ、「頼み事」は、正しく伝わらなかったのでしょうか。

彼の言い方を振り返ってみると、「最もフロントマンに伝えたい結論」を具体的に伝えていないのです。

では、どのような言い方をすれば良かったのでしょうか？

まずは、次のように「最も伝えたい結論」から言わなければなりません。

「結論から申し上げます。私が食事を終えて部屋に戻るまでに、タンスの上の掃除をしておいてください」

その後に、このようにお願いします。

「私はこのホテルは今回利用するのは初めてです。タンスの上の埃以外は、掃除が行き届いていて、気に入っています。私はこれから夕食をとりに外出します。9時30分ごろまでには戻る予定ですが、それまでに、タンスの上の埃を掃除しておいていただくことはできますか？」

ここまで具体的に伝えれば、

「勿論、お客さまがお帰りになるまでには、タンスの上の掃除をしておきます」

とフロントマンから返事を貰うことができるはずです。

この例のように、結論を具体的に言わないために伝わらない、というすれ違いはよく起きています。

私たち日本人は、「察しの文化」に基づいた「察し型コミュニケーション」に慣れているため、無意識のうちに「言わなくてもわかるよね」と思い込み、言葉を省いてしまうことが多いのです。また、「ここまで言ったら無粋だよね」という意識も強く働いているかもしれません。

でも、現実には「これぐらいで伝わるだろう」という思い込みは大敵です。言外の思いが伝わるケースは、滅多にないと考えたほうが正解です。

だからこそ、心しておきましょう。**「こんなことまで確認しなくていいだろう」と思うことも一つひとつ丁寧に言ってみる。必要とあらば、きちんと念も押してみる。**

すると、相手も何をすればいいのかが明確になり、動きやすくなります。

あなたの頼み方がまずいとき、相手は「何をしてほしいのかわからないけれど、これ以上、聞くのはまずいかもしれないな……」と不安に思っていることも忘れてはいけません。

それではここで、頼むときの3つのポイントを紹介します。

そのポイントとは「重要な結論から先に言う」「理由・根拠を述べる」「具体的に確認する」です。では、それぞれを詳しく見ていきましょう。

「頼み方」の3つのルール

①重要な結論から先に言う

「結論からお伝えします！」というフレーズを意識的に使い、日常のコミュニケーションでも結論から伝える習慣を身につけていきましょう。

毎日、このフレーズを意識的に使ってみてください。1ヵ月以上継続したあたりから、どのような場面でも、「結論から申し上げます」「最も重要なポイントからお伝えします」というフレーズがサッと出てくることでしょう。

②理由・根拠を述べる

「掃除しておいてください」といくら強い口調で、怖い顔で伝えたとしても、言われた方からすると、「理由や根拠」が理解できなければ、行動に移ることはできません。

「このホテルを気に入っているが、タンスの上が汚れているので、快適に過ごせない」というように、頼み事をする上での「理由・根拠」をしっかりと相手に伝えましょう。

③具体的に確認する

先の例のように、「これから夕食をとりに外出します。9時30分ごろまでには戻る予定ですが、それまでに、タンスの上の埃を掃除しておいていただくことはできますか?」と、具体的な時間を示すことも、人に動いてもらう上では大切です。ただし、その際には命令口調にならないような配慮も忘れないでおきましょう。

ここまで頼み方のポイントを見てきましたが、いずれのケースでも重要なのは、相手を尊重することです。

これはどんな立場でも同様ですね。一方的な言い方を避け、相手の都合を確認するという姿勢を忘れないようにしましょう。これが、相手に気持ちよく動いてもらうための鉄則です。

では、これから頼み方の○×フレーズを見て行きましょう。

1 「簡単な作業」を頼みたい。どう声をかける？

そのまま過ぎ！フレーズ

そんなに時間はかからないと思いますが

point
丁重にお願いし、相手の受け止め方に配慮する

伝わるフレーズ

少々、お時間を割いていただくことになるかもしれませんが、お願いできますでしょうか？

知らぬ間に失礼な言い方をしていないか？

「決めつけフレーズ」に要注意！

ここでの重要なポイントは、「自分勝手に決めつけない！」ということです。これは組織やチームにおける「鉄則」です。

実は**「そんなに時間はかからないと思いますが」という言葉には、「すぐにやれる簡単な仕事ですよ」という意味が込められているのです。**

このニュアンスをサッとかぎ取って、相手は「反発心」を抱くのです。

「すぐにやれっていうことか？」「自分勝手だな」「こっちにも都合があるんだ」「時間がかからないなら自分でやればいいじゃないか」「大体、どのくらいの時間を見積もっているんだ」等々と……。

上司にうっかり言ってしまうと……

自身の思いや考えが先行すると、相手の受け止め方に目配りする余裕など全くなくなってしまいます。その結果、「依頼」ではなく、まるで「指示・命令」しているような表現になってしまうのです。

受け手が上司であれば、「おいおい！　一体どっちが上司なんだね？」と確認したくなるくらい、相手を苛立たせてしまうでしょう。

「お願いできませんか？」と頼んではいけない

では、どのような伝え方をすればよいのでしょうか。気をつけてほしいのは、「依頼形の言い方で終わる」ことです。一例を挙げると、次のようになります。

「少々お時間をいただくことになりますが、よろしいでしょうか？」
「〜なのですが、お願いできますでしょうか？」

最後の言葉は、できるだけ否定語を使わずに「肯定語」を意識的に使いましょう。

なぜならば、**「お願いできませんか？」**と否定語で終わると、相手は、オウム返しの

ように、「できません!」と答えやすくなるからです。

逆に、「お願いできますか」と肯定語で終わらせることで、相手もやはりオウム返しのように「できます!」と答えやすくなります。

どんな態度で頼むか、相手はジッと見ている

コミュニケーションは「やまびこ」のようものではないでしょうか。こちらが働きかけたように、相手も応じるからです。

以前テレビ中継で、路上を歩いている人に対してランダムに、3通りのやり方でハンカチを渡すという実験をしていました。

最初の人には、親指と人差し指でつまんでハンカチを差し出します。すると相手は少し躊躇しますが、渡し手と同じように、親指と人差し指でつまんで受け取りました。

二番目の人には、片手で差し出すと、やはり相手も片手で受け取りました。

そして三番目の人には、両手で丁寧に差し出すと、なんと相手も、両手で丁寧に受け取ったのでした。

人に何かを「頼む」ときには、こちらがどのような態度、伝え方、言葉遣いで働きかけたかによって、相手の応じ方も決まります。

自分のコミュニケーションの取り方が、見事に鏡のように反映されている。これを肝に銘じましょう。

まとめ!

- 軽作業でも、ぞんざいに頼まない
- 「よろしいでしょうか?」「お願いできますでしょうか?」と肯定語で締めくくる
- 断られたら、「頼み方が未熟だった」と心得る

2
「サインしてください」と多忙な上司にお願いするには？

そのまま過ぎ！フレーズ

お時間があるときでいいので、サインしていただけませんか？

point
期限をはっきり伝える

伝わるフレーズ

明日の15時までにサインしていただけますか！

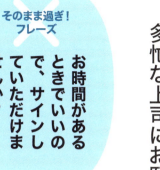

「お時間があるときでいいので」は使用禁止！

「慣用フレーズ」に要注意！

まず最初に見直していただきたいのは、**無意識に使っている「慣用フレーズ」です。**

上司が忙しそうで、書類にサインしてほしいとは言いにくい。こんなとき口をついて出てしまうフレーズが、「お時間があるときでいいので」ではないでしょうか。

本当はすぐにやってほしくても、「急がすと申し訳ないな」などと相手を気遣い、遠慮した結果、「曖昧な表現」をすることが多いのです。

この他にも、「急ぎではありませんので」「お手すきのときでいいので」というフレーズもあります。こんなふうに頼まれた相手は、優先順位の低い仕事であると判断して、後回しにしてしまうでしょう。

具体的な日時をリクエストして良し！

ではどうすればいいのか。

このようなケースではハッキリと、「明日の15時までに」と具体的な数字を出してリクエストしましょう。

これなら「いいよ」「無理だな」というように、上司も即座に判断できます。無理だと言われたら、「どの日時なら可能ですか？」と尋ねてしっかり詰めておきましょう。

仕事の大小にかかわらず、業務を頼むときは、「お時間があるときでいいので」「急ぎではありませんので」といったフレーズは原則、使用禁止です！

「今よろしいですか課長」になっていないか？

「慣用フレーズ」の中には、相手を苛立たせてしまうものも多いので要注意です！

例えば、上司に相談するときに、開口一番どのようなフレーズを発しますか。

「課長、今よろしいでしょうか？　先日のAプロジェクトのメンバーのことでご相談があるのですが」

こんな感じで、やりとりを始めたとしましょう。このとき、あなたは、しっかりと上司の状況や様子、表情・態度に目を向けて、「課長、今よろしいでしょうか？」と言っているでしょうか。

ある課長は、社内で「今よろしいですか課長」というニックネームをつけられました。

その課長は、部長に話しかけるとき、全く部長の状況を確認せずに、自分の席を立って、部長のデスクにスタスタと近づきながら、

「今よろしいでしょうか、部長、実はAプロジェクトのことなんですが！」

と矢継ぎ早にまくしたてるように、話しかけるのです。

デスクに向かって忙しそうに仕事に取り組んでいる部長からすると、「おいおい！ちょっとこちらを見れば忙しいことぐらいわかるだろう！」という気持ちがこみ上げてくるはず。

もちろん、課長の行動もわからないわけではないです。

「いつも忙しそうにして『近寄るなオーラ』を発している部長の状態を気にしていたら、いつまでたっても、声をかけられない！　だから『今、よろしいでしょうか』というフレーズを発して、近づくしかないのだ！」と主張することでしょう。

たしかに、置かれている立場によって、それぞれの事情や都合があるものです。

しかし、組織の一員である以上、最低限の気配りを忘れずに、常に周りの状況を確認

する姿勢は、基本中の基本です。

名前を呼んでから、「今よろしいでしょうか？」と尋ねる

相手の協力を得るために、心をつかむようなアプローチをするにはどうしたらいいでしょうか。

そのときに重要なのが**「相手の名前」を呼ぶことです。**

「今よろしいでしょうか、部長」ではありません！

「○○部長、今よろしいでしょうか？」です。

まずは「○○部長」と「名前（＋役職名）」を呼んでから一呼吸置き、「今よろしいでしょうか？」と尋ねると、相手の受け取り方はガラリと変わります。

このように、**まずは相手の状況をしっかりと認識・理解してから、相手の名前を呼び、相手を尊重していることを伝えましょう。**

繰り返しますが、このケースでは、

「○○部長、今よろしいでしょうか？」

と「相手の都合を確認する」という行為そのものが、相手を「尊重している」というサインになります。その上で、

「今よろしいでしょうか？　Aプロジェクトのメンバー編成について、現場トラブルが続いたので、至急ご相談があるのですが、3分ほどお時間をいただけますか？」

というように「相談内容」と「所要時間」を知らせることができればベストです。

相手を尊重する方法をおさらい！

相手を尊重するコミュニケーションの方法は、相手の立場、年齢などによっても若干、変わってきます。ここでは、ビジネス常識として身につけておいてほしい「相手を尊重する方法」をいくつかご紹介しておきましょう。

①目上、年上の方に対して、「敬語」を使って、言葉を使い分ける

②目上の方に動いてもらうようなときには「恐れ入りますが」「お手数ですが」といった「ワンクッション」を入れて、丁寧さや相手を敬う気持ちを伝える

③背筋を伸ばし、きちんとした「態度や笑顔」で接する
④「相手に恥をかかせないような心がけや言葉遣いや行動」で相手に伝える
⑤待ち合わせやイベントの時には、相手より「先に」来てお待ちしている

難しく考えないでください！　「気配り」「おもてなし」「思いやり」を添えることが、相手を尊重するコミュニケーションの基本です。

まとめ！

- **躊躇《ちゅうちょ》せず、希望時間を伝える**
- **「○○部長、今よろしいでしょうか？」と相手を見て確認する**
- **相談内容に加えて、所要時間も伝える**

3 「今すぐ書類を見てください」と上司に頼むには？

そのまま過ぎ！フレーズ

急いで見てほしい書類があるんですが！

point
ひと言お詫びしてから、急ぐ理由を述べる

伝わるフレーズ

「お仕事を中断してしまい、申し訳ありませんが」と断ってから、「急ぎの理由」を述べる

「緊急性」をここまで具体的に伝えよう

上司の手を止めて、指示を仰ぐときは、「なぜ優先的に着手しなければならないのか」という「割り込みの理由」を「短い時間」で「簡潔に」伝える必要があります。

例えば、こんなふうに。**「A社の社長ご自身で、電話をしてきました！」「『納期に間に合わなければ、取引停止だ』と言っています！」**と。

これなら、「なぜ急ぐのか？」という理由や緊急性を伝えることができます。

慌てふためいて大声で、「大変だ、大変だ！」などと興奮して言っていても、周囲の人はしらけるばかり。理由がわからなければ、理解もできないし、納得しなければ協力もしてくれないのですから。

まとめ！

- **いきなり用件を言わない！**
- **急ぎの理由は、具体的であるほど説得力が増す**

4
「今日中にメールで返事がほしい」とき何て言う？

そのまま過ぎ！フレーズ

すぐにメールで返事をいただけますか？

point
「すぐに」「早めに」「至急」「今週中」などの曖昧語は使わない

伝わるフレーズ

17時までにメールで返事をいただけますか？

「緊急性」をここまで具体的に伝えよう

「すぐに」「早めに」「至急」という言葉は、職場でよく耳にする言葉です。

しかし、「すぐに」とは、一体どのくらいの時間を示しているのでしょうか。
1、2分以内なのか、5、6分なのか。それとも10分なのか、30分なのか、あるいは、数時間なのか……。
たとえ、相手が「わかりました、すぐやります！」と答えたとしても、相手と自分とでは「すぐに」が意味する時間は異なるため、あとで「約束が違う！」と口論になりかねません。

「締め切り」「納期」は曖昧にせず、具体的な数字で伝えましょう。

「すぐにメールで返事をいただけますか？」の代わりに、「17時までにメールで返事をいただけますか？」と具体的に伝えましょう。そうすれば、

「17時までですね。おそらくそんなにかからないので、この電話が終わったら、5分以

内に送りますよ！」

という具体的な返事が、返ってくることでしょう。

ここまで詰めておいても、飛び込み仕事や緊急な用事など、予想できない事態が連続して起これば、時間通りに送られてくることはないでしょう。

したがって、相手が「５分以内に送る！」と言っても、すぐには送信できないということも充分考えられます。

このようなケースでも、「５分以内に送る」とあらかじめ確認しておけば、「おかしいな、何かあったのだろうか？」というように相手の状況を気遣うことができ、電話で確認するといった「次の手」がすぐに打てますね。

「具体的に言うと」をログセにする

「いつまでに」という期限や納期を伝えるクセをつけるためにも、「具体的に言うと」というフレーズを「ログセにする」ことをお勧めします。

また、**時間を伝える際に「即《すなわ》ち」と言って「言い換え」をすると、より正確に伝えることができます。**例えば、こんな伝え方になります。

「具体的に言うと17時まで、即ち夕方5時までに返信していただけますか？」

このときに、「いつまでに」という期限や納期だけではなく、「5W1H」の要素を盛り込むと、より具体的になります。

即ち、「When（いつ）、Where（どこで）、Who（誰が）、What（何を）、Why（なぜ）、How（どのように、どのくらい）」といった情報を意識することで、伝わり方がガラリと変わるのです。

まとめ！

- **「すぐに」の感覚は人によってバラバラ**
- **「具体的に言うと×時まで、即ち、夕方×時までに」と時間を正確に伝えよう**

5

「夕方までに資料作成をお願い！」と出先から頼むには？

そのまま過ぎ！フレーズ

夕方までに資料作成をお願いしていい？

point
急ぎの理由と締切時間を伝える

伝わるフレーズ

急遽《きゅうきょ》、お客さまに頼まれたので資料を作ってもらえますか？私が帰社する17時頃までに作ってもらえると助かります

「急ぐ理由」をしっかり伝えよう

「資料の作成、今日中にお願いしていい？」

急ぎの業務を頼む際、こうした言い方をしている人は意外と多いかもしませんが、このフレーズは突っ込みどころが満載です。

「資料って、何のためのどんな種類の資料なの？」「今日中って、業務時間内？　それとも夜中の12時まで？」「なぜ、そんなに急ぐの？」「どのくらいのボリュームになるの？」「どんな形で仕上げるの？　パワーポイント？　ワード？」「そもそも仕様書は用意できているの？」等々、突っ込み出したらきりがありません。

「急ぎの業務」を頼む際に、伝えるべきことは、「なぜ、そんなに急ぐのか？」という「理由」なのです。

ですから、本来、こうした場面では、

「急遽、お客さまに頼まれたので資料を作ってもらえますか？」

というように、緊急でお願いする理由をしっかりと伝えます。

そうすれば、同じチームのメンバーであれば、「お客さまが採用を検討してくれるのだろう。だからすぐに資料が必要なんだな！」という状況が想像できるはずです。

さらに、「お客さまは、今、競合他社とコンペしているA社さんです」ということがわかれば、事態の緊急性がより伝わります。

ここまで来ると、資料を本日中に揃える必要性、重要性が理解でき、「すぐに行動に移らなければならない！」という考えに変わってきます。

相手が納得する伝え方のコツとは？

「なぜ～と言うと」を口グセにしよう

仕事の緊急性を伝える上で、ぜひとも口グセにしてほしいフレーズがあります。それは、「なぜ～と言うと」というフレーズです。

まずは、**「○○さんにA社宛の△△資料を17時までに作っていただきたいのです」**というように、相手に何をしてほしいのか、その結論を簡潔に伝えます。結論を最初に伝える重要性は、これまで何度も説明してきましたね。

その次に、急ぐ理由を伝えるのですが、このときに役立つのが**「なぜ△△資料を17時**

までに作っていただきたいかと言うと」というフレーズです。短くすると、「なぜ〜と言うと」となります。

「なぜ△△資料を17時までに作っていただきたいかと言うと、先方が、至急検討したいと言っているからです」

このように「〜が原因で」の部分をしっかり伝えましょう。

「なぜ〜と言うと」が自然と出てくるようになれば、「理由を簡潔に、わかりやすく伝えなければ」という意識が常に働くはずです。頼まれた相手にしても「なぜ急ぐのか？」という疑問や不安が解消されれば、一気に動きやすくなるのです。

まとめ！

- **急ぎの業務を頼むときは、「なぜ急ぐのか」を伝える**
- **「なぜ、〜していただきたいかと言うと」を口グセにする**

6 やる気を削がずに、「手直し」をお願いするには?

そのまま過ぎ!フレーズ

急いで手直ししてもらえますか?

point

作業のゴールをしっかり伝える

伝わるフレーズ

お客さまにお渡しするので、手直ししてもらえますか?

ゴールがわかると、俄然やる気がわいてくる！

どのようなお願いをする際も、その仕事をする意義、重要性がわからないと、相手の「やる気」を喚起できません。その結果、頼んだことを後回しにされたり、聞いてもらえなくなってしまうのです。

まずは相手に「やる気になってもらう」必要があります。この「やる気」とは、人を動かす上でどんな場面でも必要とされる力と言えるでしょう。

では、相手にやる気になってもらうときに、最も重要なポイントはなんでしょう。

結論から言うと、「ゴールを示す」ということになります。

誰もが知っている有名な寓話に「ウサギとカメ」があります。この寓話は、「ゴールをどこに設定するかによって、結果が大きく変わる」という教訓を伝えるエピソードと言えるのではないでしょうか。

ウサギは、「カメ」を目標にしていた。これに対して、カメは、「ゴール」を目標にしていたのです。その結果、絶対に負けないだろうと思っていた「ウサギ」が、油断して寝ている間に、着実にコツコツと「ゴール」を目指していた「カメ」に負けてしまったという話です。

「目標やゴール」の設定の仕方によって、結果が大きく変わってしまうのです。

視覚に訴える「+α の伝え方」とは？

繰り返しますが、私たちは「ゴール（目標や目指す結果）」がわかれば「やる気」になって、具体的な「行動」に移ることができます。

先ほどのお願いの仕方を振り返ってみます。「急いで手直ししてもらえますか？」に「お客さまにお渡しするので」を付け加えてみましょう。

個人的な資料ではなく、お客さまにお見せする公的な資料であることを告げるのです。些細なことですが、これだけでも「手直ししなくては！」という「やる気」を引き出すことができるのです。

なお、相手に動いてもらうためには、**『ゴール』を具体的にイメージしやすいように**

示してあげる」ということがポイントになります。

では、「イメージしやすいように伝える」ためのルールは何か？　ひと言で言うと「視覚に訴える」ということになります。ポイントは次の通りです。

①状況や様子を相手がイメージできるように描写する
②相手と対面して話しているような場合は、ジェスチャーを交えて伝える
③表情に思いや気持ちをこめて伝え、熱意を表現する

相手とイメージを共有する伝え方、あなたも一つ試してみてはいかがでしょうか。

まとめ！
- やる気につながる「理由」を準備する
- 状況説明を工夫し、ジェスチャーを駆使して頼んでみよう

7 ミスが多い人に「校正」をどう頼む？

そのまま過ぎ！フレーズ

誤字脱字に注意してね。漢数字は算用数字に統一してください。あとは…

point

「何を」すればいいのかメモとセットで伝える

伝わるフレーズ

とくに確認してほしい点をメモにまとめました。大事なところは…

たくさんの情報を羅列しない

込み入った業務を頼むときに、有効なのが「強調点をクローズアップする」ということです。この例のように、「あれもこれも」の〝幕の内弁当状態！〟で伝えると、具（情報）は多いのですが、結果的に印象に残らないのです。

説明の言葉（情報）が多すぎても、少なすぎても相手には伝わりません。

この絞り込んだ、凝縮した情報、即ち「重点ポイント」や「強調点」を効果的に相手に伝えなければなりません。**「必要なことを、必要な人に、しかも、必要なだけ！」が伝え方の基本です。**

それでは、ここで「強調の仕方」をご紹介していきたいと思います。

ポイントを3つに絞り、反復すると効果的！

「人の〝即時記憶〟は〝7秒〟しかもたない！」と言われます。「7秒」という時間で、記憶していられる項目としては、せいぜい「3つ」と言われます。

例えば、次のように ポイントを3つにまとめます。

「相手に、必要な情報や考え方をしっかりと伝えるための表現の原則としては、次の3つがポイントとなります。それは、〝わかりやすさ、簡潔さ、印象深さ〟の3つです」

この後が、「繰り返す（反復する）」という強調の仕方です。

「よろしいですか？　もう一度繰り返します。〝わかりやすく、簡潔に、印象深く！〟です」「繰り返しますよ！　〝わかりやすく、簡潔に、印象深く！〟です」

このように、重点ポイントを「繰り返す」ことによって、大事な点をより確実に、相手に伝えることができるのです。


まとめ！

- 注意点を3つに絞ろう
- 大事な点は繰り返し伝える
- メモも準備すれば、より万全！

8 企画書は通るのか？上司の本音を探るには？

そのまま過ぎ！フレーズ

先日の企画書、見込みありそうですか？

point
場の空気を読んだ上でお尋ねします、という姿勢を示す

伝わるフレーズ

先日の企画書ですが、周囲の方（お客さま・決定権者）の反応はいかがですか？

こんなタイミングで切り出してはいけない！

A社の課長に企画・提案書を提出したとします。

その後、A社を訪問し、当の課長に会いに行ったところ、課長以外にもA社の人間が同席することになりました。

こんなとき不躾に、

「先日の企画案、通りそうですか？」

と尋ねたらどうなると思いますか。

おそらく、お相手の課長は困惑し、お茶を濁すような言い方しかできないでしょう。

そして、提案は決して通ることはないでしょう。

「場の空気を読んだ上で、あえてお尋ねします」という態度を示す

誰かに何かを伝えるときに、絶対に忘れてはならない要素のひとつに、「〝時・場所・

場合〟いわゆる〝T・P・O〟をわきまえる」ことが挙げられます。

どんなに正しいことでも、言うべき「時―タイミング」や「場所」「場合」を間違えると残念な結果になってしまうことがあるのです。

いわゆる場の空気が読めなければ、伝わるものも、伝わらなくなってしまいます。状況を察知して言葉を選ばないと、頼み事は通じないのです。

例えば、相手が答えにくい状況ならば、**「いま、ここですぐに、お返事をいただかなくても結構ですが」といったように、「周囲の状況を気遣っています」という気持ちが相手に伝わるようなフレーズが欲しいところです。**

その上で、さりげなく、聞きたいことを聞き出すためには、質問の仕方にも一工夫が必要になってきます。上級のテクニックですが、相手に自分の土俵にのってもらい、本音を聞き出す方法を考えてみましょう。

営業電話では、この質問が効く！

例えば、ある営業パーソンが、取引関係のあるB社に提案資料を送ったとします。その後、資料が届いた頃を狙って、電話連絡をしたとしましょう。このようなとき、あなたなら、どのような質問をするでしょうか。

第一段階として、資料が手元に届き、封を開いてくれたかどうかを確認するためには、次のどちらの言い方が良いでしょうか。

①「先日お送りした○○の資料は、お手元に届きましたでしょうか？」

②「先日お送りした○○の資料は、ご覧になっていただけましたでしょうか？」

どちらもそれほど変わらないようでいて、実は効果に雲泥の差があります。

①の場合は、「届きましたよ、○○の資料ですよね！」などと、相手から先に言われた場合、届いた書類の封を開けたのか、再度、確認しなくてはなりません。もうワンステップ入ることで、相手に断る機会や、「読んでおくからまた後で連絡してほしい」な

ど時間的猶予を与えることになりかねません。

それとは対照的に、「ご覧になっていただけましたか？」という質問には、「お手元に届きましたか？」という問いも含まれているので隙がありません。つまり、手元に届いた上で、資料の中身にまで目を通してもらえたかどうかを、たった一度の質問で確認することができるのです。

もしも相手が封を開けていない場合、「ごめんなさい、まだ、読んでなかったよ」というように、見ていない自分が悪かったという印象を与えることができます。

そこですかさず、

「いつ頃ならば、確実に資料を読めるのか？」

と質問して、その時期に再度連絡を取れば良いでしょう。

相手が「資料を見ましたよ」と返答した際は、商品やサービス購入に前向きなのか、それとも悩んでいるのかを尋ねるステップに入ります。

もしも、相手が「悩んでいる」と言った場合には、**「なぜ悩んでいるのか？」を聞き**

出して、相手の悩みを解消してあげることが求められます。

購入に至らない相手の本音を探るのです。

「周囲の方々（上司や決定権者）の反応はどうですか？」

「実現の可能性はどのくらいですか？」

「パーセンテージで表すと、何パーセントくらいですか？」

相手に本音を話させるのは難しいこと。それなりの金額となる商品購入の決断となれば、なおさらです。そこでやんわりと、周りの状況や、現実的な可能性を聞くようにすると、「実際のところは五分五分かな。もう少し値段を安くしてくれると可能性が上がるのだけど……」というように、本音がちらほら出てくるはずです。

まとめ！

- **本音を探るタイミング次第で、結論が変わると心得よう**
- **「いま、ここですぐにお返事をいただかなくても結構ですが」と配慮する**

2章

つい、自分目線で
話してしまう人のための
「打合せ・報連相」のルール

知らぬ間にやっている「自分目線」発言を要チェック！

新入社員の驚きの発言とは？

私たちは普段、当たり前のように自分目線で考え、自分目線な発言を繰り返しています。**「どう伝わっているのか」を相手の立場に立って、意識的に考えないかぎり、「自分目線の言葉」は一向に減ってはいかないのです。**

そんなエピソードをひとつ。私が新入社員Kさんに、外出前、C社の稟議書を出しておくように指示したときのことです。

外出先から帰社して、Kさんに、外出前に指示した業務について確認しました。

「Kさん、C社の稟議書出しておいてくれた？」

と尋ねると、

「ミテナインデス！」

と答えたのでした。私は言葉通り「見てない」と受け取って、

「見てないとはどういう意味？　それじゃあ稟議書を探せるわけはないじゃないか！」

と、少々感情的になって伝えたところ、Kさんは慌てて、

「いえ、稟議書は探したんですけど、C社の稟議書が見当たらなかったのです」

と返答しました。話をよく聞かなければ叱りつけるところ。言葉が足りないために誤解を生む典型例です。

報告の基本は、「け・ち・す・る・な・い」

誤解を生む発言は、ビジネスのコミュニケーション場面、打合せや報連相をする際にも頻繁に見られます。

とくに目立つのが、報連相時の発言です。報連相は、仕事をミスなく納期通りに仕上げるための「説明、確認の場」です。仕事に支障をきたさないためにも、しっかりと伝え方の基本をマスターしておきましょう。

先ほどの例では、

「ご指示されたC社の稟議書を探しましたが、見つかりませんでした。他に心当たりのある場所がございましたら、すぐに探しますのでご指示ください」

というように、**結論となる事実を伝え、対応策を提案できれば、私の受け取り方もガラッと変わったはずですね。**

こうした「相手に伝わる報告の仕方」について、「け・ち・す・る・な・い」という語呂合わせで確認してみましょう。

「け」……結論・結果から報告します。真っ先に知りたいことを最初に伝えるのです。

「ち」……中間報告を徹底します。中間報告を怠らず、先回りして伝えることで、上司が「あの件どうなっている」と言う回数も激減するはずです。

「す」……速やかに、スピーディーにを心がけます。特に、「悪い報告ほど速やかに」を強調しておきます。悪い報告は組織の命取りになりかねないからです。仕事が一段落するごとに、速やかに報告を徹底しましょう。

「る」……留守のときは、メールやメモを残します。また、「本人に口頭で伝えて初めて、報告は完結する！」も鉄則です。

「な」……内容を整理して話します。５Ｗ１Ｈなどを報告の前に確認し、内容を整理して、簡潔に短い時間で報告できるように準備することも忘れずに！

「い」……意見と事実は分けて報告します。最初に事実を簡潔にわかりやすく伝えます。聞き手の混乱を招かぬよう、自分の意見や感想は分けて伝えるようにしましょう。

「私は悪くない！」発言に要注意！

「自分目線の報連相」の一つに「弁解」があります。

特に、何らかのトラブルが生じた場合、事実を説明するのではなく、責任を逃れるために弁解を並べ立ててしまうものです。

言うまでもなく、説明と弁解は全く異なります。

「説明」は「相手が知りたい箇所に焦点を当てて、相手にわかってもらう、理解してもらうことを目的としたコミュニケーション機能」と定義できます。したがって、トラブルが起きた場合には、きちんと事実を報告し、なぜそのような事態に陥ったのかをわかりやすく伝えることが大切です。

対して、**「弁解」は「責任転換のための自己弁護」**と言えるでしょう。即ち、「私は悪くない！」という伝え方です。

「トラブルの原因は自分ではない」といくら主張したところで、事態が改善されるわけではなく、自らの評価も下げるだけです。

くれぐれも弁解の罠にはまらないように用心してください！

「相手目線」で考えるトレーニングをしていこう

「このような伝え方をすると、相手はどのように受け取るだろうか？　どのように感じるだろうか？」

初めはほんの少しでかまいません。相手の立場を想像し、相手の感情面等にも意識を集中させてみたら、それだけで伝え方に変化が現れるはずです。

本章では報連相をテーマにして、自分目線のコミュニケーションによる弊害とデメリットを考察します。と同時に、相手目線で考えることの必要性、重要性を充分に認識し、「相手の心に響く効果的な伝え方」に触れていきます。

私たちは、ご飯粒が口元についていても、誰かから指摘されなければ気づきません。同じように、自分では大丈夫と思っていても、相手を不快にする伝え方をしていることが往々にしてあるはずです。そして残念ながら、こうした伝え方を指摘し、諌めてくれる人はごく少数です。そのため、あなたの評判は下がる一方……。

自分を客観的に観察、洞察し、こうした状況を改善するための知恵や方法を学んでいきましょう！

1 上司に相談するとき、どう声をかける？

そのまま過ぎ！フレーズ

ちょっと、ご相談したいことがあるんですが

point
相談内容をきちんと告げる

伝わるフレーズ

△△の件で、ご相談したいんですが

上司を心配させていないか？

部下の発言のなかでも、上司が非常にドキッとするフレーズの代表格が、「ちょっとご相談したいことがあるんですが」ではないでしょうか。

その上司と部下の日常の人間関係にもよりますが、世の上司たちの多くは「ちょっと、とは一体何の相談だろうか？」「会社を辞めたいなどという相談ではないだろうか？」などと、心配や不安が瞬時に広がっていきかねません。

これだけで上司はホッとする

こんな無用な心配を上司にかけないためにも、**声をかけるときは、大まかな内容を伝えましょう。例えば、「企画書の内容の件で」「レポートの作成方法の件で」「訪問先のA社への対応の件で」**など、「どんな内容の相談なのか」がわかるように、「相手が知りたいこと」に焦点を絞って伝えましょう。

相談内容を伝えたら、「必要な時間」も伝えて上司の都合を尋ねましょう。
「30分ほど、お時間をいただきたいのですが、いつ頃ならよろしいでしょうか？」というように。

なお、**相談する際のマナーは「丸投げしないこと」です。**例えば、ある商品企画書を作成している際に、「ターゲットの絞り込み方がよくわからないので、アドバイスがほしいです」と尋ねれば、どんな上司もゲンナリします。一方、「ターゲットを男性20代に絞り込むべきか、女性も取り込むべきかで悩んでいます」
このように**自分でも考えた上で相談しています、という姿勢を見せれば上司の反応も一変します。**

経験・知識を持ち合わせている先輩、上司の力を上手に借りるには、教える気を削がない頼み方をすること。これは会社で力をつけていく上で欠かせない能力です。

教えたくなるような「気の利いたフレーズ」を添えよう

相手の状況をよく観察した上で「ちょっと気の利いたフレーズ」を添えて声をかけて

みましょう。

例えば、四半期の締めで連日残業が続いている課長。こんな姿をよく観察していれば自然と、**「四半期の締めで、お忙しいところ申し訳ありません！」**というひと言を投げかけられるのではないでしょうか。

その他にも、相談する時間をもらいたい時には、

「自分でも考えてみたのですが、経験がないため、わからなくて」

「このような相談をすれば、課長はきっと〝前向きに考えろ！〟とおっしゃるとわかっているのですが、どうしても自分の中で納得がいかず、ご相談にやって来ました」

というように、上司の反応を先取りした言葉を交ぜたり、「自分なりに考えてきました」という姿勢をアピールするフレーズも、意識的に使ってみるとよいでしょう。

まとめ！

- **「△△の件で」と内容を告げてから相談しよう**
- **多忙な相手を「いたわる言葉」や、謙虚に「教えを請う言葉」を添えてみよう！**

2 「頼んだ仕事、どうなってる？」と上司に聞かれたら？

そのまま過ぎ！フレーズ

まだ、締め切り前ですよね

point
上司の不安を払拭する

伝わるフレーズ

はい、９割方進んでいます！

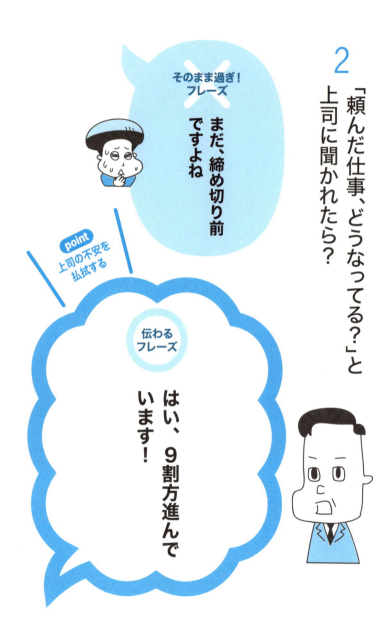

仕事が順調でも、これでは評価は上がらない

このケースの問題点は、「返事の内容」だけでなく、「報告のタイミングを逸していること」にあります。

まずは「返事の内容」について。上司が進捗状況を尋ねているのは誰の目にも明らかです。はぐらかさずに、正直に進捗状況を伝えるのがまっとうな答え方。

「報告のタイミング」に関しては、上司がしびれを切らして「どうなってる？」と尋ねなくてはならない状況をつくることが大問題。いくら9割方進んでいても評価はガクンと下がります。「それなら、きちんと報告しろよ」と大抵の上司は思うはずです。

「あの件、どうなってる？」は上司が言いたくないフレーズ！

ある組織で管理者に「部下に対して、もっとも発したくない言葉は何か？」というアンケートを取りました。その結果選ばれたのは、「あの件（頼んだ仕事）、どうなってい

る?」だったのです。

上司が部下に真っ先に期待するもの。それは適切な「報連相」です。「指示」「命令」した業務はきちんと進行しているのか、いないのか。その状況を的確に「報連相」することが、部下に与えられた任務です。

いつまで経っても「報連相」してこない部下というのは、あいさつしたのに返事すらしない無礼者でしかありません。たいていの上司は、部下に対して「無視か!?」と「腹が立ち、頭に来る」のです。「報告とは、部下の義務なり!」という認識を持っており、「報告があって当たり前!」なのです。

上司のほうも、のんきに構えているわけにもいかず、「なぜ、報告に来ないのだ、情けない!」と思いつつも、悲痛な叫びのフレーズ、「G社の件、その後どうなっているんだ!?」を発せざるを得ないのです。

判断材料を提供しよう

なお、せっかく報連相したとしても、部下の知らせたい内容と上司の聞きたい内容が必ず一致するとは限らないということを肝に銘じておきましょう。

部下は「報告内容は正確に、データも使って具体的に伝えなくては」と思っていても、上司のほうは、「現状をいち早く知りたい」のです。であれば、部下は状況が変化するごとに報連相すべきです。

その報告を聞きながら、上司は適宜、「進んでいる方向が間違っていないか?」「その方向へ進む際のやり方はどうか?」「万が一のリスクに備えているか?」などを考えて、さらなる指示を出すのです。

こう考えていくと、「まだ締め切り前ですよね!」という返答がいかに、自分目線で稚拙なものであるかが、おわかりいただけるのではないでしょうか。

まとめ!

- **「進捗状況は、まとめて報告すればいい」は間違い!**
- **上司が知りたいのは「現状がどうなっているか」**
- **スピード重視で伝えるのが正解!**

3 メールで報告後、「あの件、どうなった？」と上司に聞かれたら？

そのまま過ぎ！フレーズ

メール、ご覧になっていないんですか？

point
メールの内容を端的に述べる

伝わるフレーズ

メールでお伝えしましたが、『結論から申しますと…』

伝言した後は、口頭で確認するのが常識！

ここで覚えておいてほしいことは、**【報告とは本人に口頭で伝えて初めて完結する！】**ということです。

現代のようなSNS、メールでのやりとりがメインになる前の時代では、例えば、電話の「伝言メモ」や、「現場のレポート」などの「紙媒体に書いた情報」を上司の机の上に置いたものです。

しかし、この場合も「報告に関しては、メモの内容を直接上司と対面して、報告する」というのが「鉄則」であり「報告の常識」です。

その理由は2つあります。

まず第1の理由は、「メモを本人が見たかどうかを確認するため」です。

2番目の理由は、メモに書ききれなかった「お客さまのご様子」「いつもとの違い」などという「直接話した人にしかわからない情報」あるいは「ニュアンス」を伝えるためです。

この「メモ」の代わりになるツールの代表が、「メール」なのです。いつでも、どこでも、誰にでも、気軽に情報を送信することができるからです。

ともすると、「メールを見るのが当たり前！」と思い込んでしまいますが、やはりここでも、**メモの伝言と同様に「本人に口頭で確認」が基本です。**

上司が、たくさん舞い込んで来るメールの全てに、目を通しているかどうかはわかりません。場合によっては優先順位が低いメールとして分類され、開封されていないかもしれないのです。

上司がメールを読んでいないようであれば、メールを送信した時間を伝えて、再度確認してもらうのも一策です。

まとめ！

- **「上司はメールを読んでいないかも」という認識を持っておこう**
- **「メールを送ったら口頭で確認！」を習慣づける**

4 クレーム対応後、「で、先方は何て言ってた？」と上司に聞かれたら？

そのまま過ぎ！フレーズ

先方は気にしてないみたいです

point
事実と意見を分けて伝えよう

伝わるフレーズ

先方は『問題にはしない』と言っていますが、怒っていらっしゃるようでした

事実と意見を分けて伝えよう

今回の場面は、本章の67ページで記した報告の仕方、『け・ち・す・る・な・い』の最後の『い』に当たる**【意見と事実は分けて報告する】**に当てはまります。

「先方は気にしてないみたいです」では、「事実」なのか「意見」なのかさえも、判断できません。

「先方は気にしてないみたい」の根拠は何なのか、具体的にどのような言葉を発したのか、ということが、まったく伝わってこないからです。こうなると報告を聞く側は、ストレスばかりが溜まってしまいますね。

一方、「先方は『問題にはしない』と言っていますが、怒っていらっしゃるようでした」というフレーズはどうでしょうか。

事実は「問題にはしない」と言っていたことです。その様子を見ていた報告者の「意見」としては、「怒っていらっしゃるようでした」ということになります。

このように報告されれば、「これまでのお付き合いがあり、信頼関係もあるから、取引先はあえて『問題にはしない』と言ってくれてはいるのだろうが、本心は、信頼を裏切られたように感じ、怒っているに違いない」と見当がつきます。

その結果、「ここは大事なお客さまだし、上司の私が、担当営業と共に謝罪に行った方が良いだろう」という「次の行動のための判断」ができるのです。上司から見れば、このような報告ができるかどうかが、部下評価の「大事な指標」になります。

ビジネス現場での鉄則である【結論から先に伝える】ときにも、まずは「事実の結論・結果」を伝え、その後に、「自分の意見や感想」を伝えるという「2段構えの構造」で伝えることが大事です。

こんなふうに分けて伝えると、わかりやすくなる

【意見と事実は分ける】というルールは、相手にわかりやすく伝えるための代表的なやり方です。情報を分けて伝えることによって、よりわかりやすく相手に伝わる言い方に

なるのです。ここで、いくつかの分け方を紹介しておきます。

【2つに分ける】

①「事実」と「意見」とに分ける

②「原因」と「結果」とに分ける

③「既知」と「未知」とに分ける

【3つに分ける】

①「序論」「本論」「結論」と、「話の流れ」に沿って分ける

②「主張」「データ」「理由づけ」の「三角ロジック」（134ページ参照）で論理的に分ける

(例)「主張」＝明日は傘を持って行くべき

↓「データ」……明日の気象庁の降水確率が80％だから

↓「理由づけ」…気象庁の降水確率は信頼できるので高確率で雨が降る

↓
「主張」………だから明日は傘を持って行くべき

③「正論」「反論」「合併」と三角形になるように分ける

↓「白色」「黒色」「灰色」のように、「ある事柄」と「その対極にある事柄」と「折衷案」という具合に分けます。

分けることは「関係」を明確にすることです。伝える要素がどのような関係になっているのか分析できれば、「自分の考えや必要な情報を正確に、わかりやすく相手に伝える」順番も明確になってくるのです。

まとめ！

- **「事実と意見を分けて」伝える意識をもとう**
- **まずは事実を伝え、最後に意見を添えてみよう**

5 伝言を頼まれた。どう伝える？

伝言「トラブルが起きたので、これから緊急対応しなくてはならない。A社に、午後2時のアポイント時刻を30分ほど遅くしてほしい旨を伝えて！」

そのまま過ぎ！フレーズ

本日お伺いする××は緊急対応のため、2時のお約束を30分ほど遅くしてほしいとのことです

point
相手に配慮した言葉を使う

伝わるフレーズ

〇〇様、誠に恐れ入ります。本日お伺いする××は緊急対応のため、2時のお約束を大変申し訳ないのですが、『30分ほど遅らせていただきたい』とのことですが、いかがでしょう？

時間変更の連絡は、細心の注意を払って行おう

「ちょっとしたひと言であっても、外部が関わる話の連絡は決して怠ってはならない！」というのも組織の鉄則です。「その一言」が無かったために、「会社の命取り」になりかねないのです。

これはある生鮮食品関連の会社での出来事です。

その日、朝一番でE社からクレームが入り、係長は大忙しでクレーム対応に取り組んでいました。係長は出かけるときに、新人のF君に、「G社に電話をかけて午後2時のアポイントを30分ほど遅らせてほしい」と連絡を入れるよう指示したのです。

F君はすぐに、G社に連絡を入れなくてはなりません。G社の電話番号を調べているそのときに、部長から声がかかりました。

「君、申し訳ないが、大至急この資料を20部コピーを取って、ホチキス止めをして会議室に持ってきてくれないか！」と。

部長からの指示ですので、最優先で作業を行ない、会議室の部長のところへ持って行きました。「いや、F君ありがとう！」と言われると、今まで緊張していた気持ちが一気にほぐれて、ホッとして席に着いたのは良いのですが、係長から言われた「アポイントを30分ほど遅らせる」という連絡をG社へするのを「ついうっかり」忘れてしまったのでした。

こうして取引停止になることに

さて、クレーム先のE社に行って、クレーム対応を終え、午後2時にアポイントを取っていた生鮮食品の卸先であるG社に、予想通り「30分遅れ」で着いた係長を迎えたのは、仁王立ちしていた先方の部長と課長と係長の3人だったそうです。

30分時間を変更するという連絡が入っているものと信じて疑わなかった係長は、仁王立ちしている3人を見て、「何か様子がおかしいな」と思った瞬間、担当の係長の上司である課長が、怒鳴りました。

「何を考えているのですか！　生鮮食品を扱う御社が、大事な商談を控えているにもかかわらず、30分も約束の時間に遅れるとは何事ですか？　生鮮食品なら腐って食べられなくなるところです！」

係長は状況が把握できていない様子で、

「弊社の者が、30分ほど時間変更させていただくという連絡をしたはずなのですが」

と尋ねると、今度は先方の部長が

「この期に及んで、何をいい加減なことをおっしゃっているのですか？　連絡など一度も入っておりません。しばらくの間、取引停止させていただきます！　今回の話は無かったことにしてもらいますので、よろしくお願いいたします。せっかくお越しいただきましたが、どうぞお引き取りください」

と一方的に取引停止を宣言されてしまいました。会社に戻ってF君に確認してはじめて失念していたことに気づいたそうです。

この事例では、組織の対応として、改善しなくてはいけない点がいくつかあります。まず係長も、いくら急いでいるとは言え、F君一人だけに頼まずに、G社の事情を知っている社員にフォローを頼むべきでした。

F君自身、係長に指示された直後に部長に指示され、パニック状態になってしまいました。このような緊張状態から解放された後に、私たちは「ついうっかりの忘れ物」をしてしまうものです。

このようなミスを減らすためには、「話す・聞く」という日常のコミュニケーションの取り方で少し工夫をする必要があります。

指示を受けたときには、

①その場で、言葉で「復唱」し、周囲の人にも知らせる
②指示されたら、わからないことは周囲に聞いて巻き込む
③指示された方は、連絡が済んだら指示した相手に報告する

このような手順を踏むことで、より確実に業務を行うことができるのです。

まとめ！

・指示を受けたときにはメモ書きし、不明な点は確認しよう

6 トラブル続きで、進行が遅れがちに。こんなときどうする？

✕ そのまま過ぎ！フレーズ

自力で頑張り、締切直前に上司に相談する

point 見通しを伝える

伝わるフレーズ

「このままの状態ですと間に合いませんが、どうしたらいいですか？」と上司に相談する

見通しを伝えて、作戦を練ろう

このように、**「急な変更が生じた場合」の伝え方では、「見通しを知らせる」ことがポイントになります。**それにより、報告を受けた上司は対応策を考え、何らかの方策を講じることができるからです。

予定よりも遅れているときは、頑張って何とか挽回し、どうしようもなくなったら報告しようと考えがちです。

こうした場合、報告するタイミングが遅れ、ますます報告しづらくなるという悪循環に陥るケースがほとんどで、上司からすると大迷惑な話です。打つべき手を打てなくなってしまいます。

「間に合わない」という見通しが立つのであれば、なるべく早い段階で上司に報告しなければならないのです。

なお、**「見通しを知らせる」際には、できるだけ客観的に見て、正確な情報を伝える**

ようにしましょう。甘い見通しは厳しく戒めてください。

実際にはギリギリの進行であるにもかかわらず、「頑張れば何とかなります」というような報告はダメです。

こうした状況であれば、

「現状、ギリギリの進行です。頑張れば何とかなるかもしれませんが、最悪の場合、間に合いませんので、ご判断をお願いします」

と報告するようにしましょう。

現状を客観的に見て、事実を正確に話し、改善案があれば提案する。さらに最悪の事態を想定した報告ができれば、上司は安心することでしょう。

まとめ！

- **「間に合わない」という見通しは早めにつけて、即相談！**
- **甘い見通しは戒める。最悪の事態を想定しよう**

7 資料作成が間に合わない！どう伝える？

そのまま過ぎ！フレーズ

すみません。あと少しで出来るので、もうちょっと待っていただけませんか？

point
進捗状況を数字で伝える

伝わるフレーズ

申し訳ありません。9割方できておりますので、×時までに、より精度を高めて提出していいでしょうか？

「すごい」「かなりの」といった表現は相手を戸惑わせている

話し言葉には「抽象的」で「曖昧」な表現が飛び交っています。

「そのまま過ぎ！フレーズ」では、「あと少しで」「もうちょっと」という言葉がこれに当たります。

わかりにくい表現の例としていくつか挙げてみます。

①「駅前に高層ビルが建ち、ガラッと変わって見違えた！」
②「ほんのちょっとの違いでコンペに負けてしまったそうです」
③「本当に惜しかったです！」

これらは、私たちが話し言葉でよく使っている表現であり、「定性表現」が多いという特徴があります。

定性表現とは「AさんはBさんよりも強い」とか「すごい」「かなりの」という表現

方法のことで、抽象的で主観的なので、コミュニケーションにおいては、「誤解」を生みやすいのです。

これに対して、**ビジネスの場で求められる表現は「定量表現」です。**例えば、「Aさんは、Bさんよりも10キロ体重が重い」といった表現になります。

簡単に言えば定量化とは「数字」で表すことなのです。

数字を交えて確実に伝えよう

このケースの事例のように**「すみません。あと少しで出来るので、もうちょっと待っていただけませんか?」**は、まさに「定性表現オンパレード状態!」です。

「あと少しとはいつ?」「もうちょっと、ってどのぐらい?」「結局、こちらはどうすればいいの?」と、受け手からすると、「?マークオンパレード状態!」となってしまいます。

これに対して、**「申し訳ありません。9割方できておりますので、×時までに、より**

精度を高めて提出していいでしょうか？」となるといかがでしょう。

この報告を受けた人は、進捗状況がある程度わかるので、先々を予測することが出来るのです。

例えば、**「9割方着手しているのなら、あと2、3時間ぐらいで仕上がるな！」「やはり思った通り△日までには完成する。しかも精度を高めて提出できるなら、問題はないだろう！」**というように。

具体的な数字を用いた「定量情報」を提示されることで、聞き手も理解が進み、その場で判断しやすくなるのです。

「定量表現」に言い換えるクセをつけよう

普段「定性表現」を使って会話をしていることが多いと思う人は、是非とも、この機会に「定量表現」に言い換えるトレーニングをしてみましょう。

この習慣を身につけておくことで、あなたの「伝え方評価」は間違いなく、3割以上はアップするはずです。一例を挙げておくので参考にしてください。

【定性表現】

「高いビルが建った」→「50階建のビルが建った」

「あのボクサーは強い！」→「あのボクサーは10勝0敗だ」

「身長がグーンと伸びた！」→「この1年で5センチ身長が伸びた」

「だいぶお酒を飲み過ぎた！」→「日本酒5合とウィスキーロック5杯」

「あともう少しでゴールだ！」→「あとゴールまで1キロだ！」

「原稿もほとんど出来上がりだ！」→「原稿も残りあと1章分！」

【定量表現】

まとめ！

・いつもの伝え方が、いかに相手を戸惑わせているのかを知ろう

・報告するときは、必ず数字を入れよう！

3章

価値観を
押しつけてしまう人の
ための
「自己主張」のルール

相手の話を聞くと、主張がスッと通りやすくなる！

自分の意見を通すことにこだわりすぎない

職場や取引先で上手に自己主張できれば、物事をうまく運べるようになります。皆さんの職場でも、次のような人がいませんか。

・会議で反対意見を言っても、周囲に受け入れられる人
・同僚の依頼を断っても、関係を損ねない人
・取引先に難しいリクエストをしても、スッと受け入れてもらえる人

一方で、同じことを言っているつもりでも、なぜかうまく伝わらず相手を怒らせてしまったり、マイナスの評価を下されたりする人もいます。何が違うのでしょうか。
上手に自己主張できる人は自分の意見を一方的に押しつけたりしません。むしろ相手の話をじっくり聞きます。

たとえ意見がぶつかったとしても、「そういう考えもあるんだ」と受け止めてから自分の考えを話します。

「コミュニケーションは双方向」のルールを守ることで、相手も違った意見を受け止めやすくなるのです。

傾聴力と質問力を身につけよう

自分の意見を主張する目的は、相手を説得し、動かすことにあります。

こうした説得型のコミュニケーションにおいて大事なのは「質問力」です。有効な鋭い質問をすることで「力の優位性」は高まります。

それと同時に求められるのが「傾聴力」。相づちや頷きを行いながら、相手の話を共感的に聴いていきます。

自分の意見を通す究極のコミュニケーションでは、「質問力」と「傾聴力」の双方が威力を発揮するのです。

ここで「傾聴」と「質問」についてのポイントを紹介しておきます。

具体的な使い方については、それぞれのケースの中で触れていきますので、この２つを駆使して、上手に自己主張する方法を学んでいきましょう。

【傾聴のコツ】

①あいさつをする……相手に関心を向けることで、双方向でコミュニケーションをする土台ができる

②アイ・コンタクト……目線を合わせることで、コミュニケーションを活性化できる

③頷きと相づち……視覚情報の「頷き」と、聴覚情報の「相づち」を共に行うことで、より共感的に話を聞くことができる

【質問のコツ】

①具体化するための質問……「具体的に言うと？」

②明確にするための質問……「一言で言うと～ですか？」

③整合性をつけるための質問……「□と△のつながりは？」

1 立場が上の人に、意見を言いたくなったら？

そのまま過ぎ！フレーズ

「質問があるのですが」と尋ねつつ、意見を述べる

point
話す内容をひと言伝えておく

伝わるフレーズ

「××について考えがあるんですが」と伝えてから話し始める

回りくどい言い方をする「面倒な人」になっていないか？

セミナーに参加する受講生の中でよく見かけるのが、「質問があるんですけど」と言いながら、持論を展開するタイプです。

講師のほうは質問を聞き逃すまいと、注意深く聞いているのですが、いつまでたっても質問をしないのです。

「今日は××について深く学ぶことができ、とても勉強になりました。とくに、△△についてでは日頃から思うところがありまして……」

このように自分の考えを長々と述べたり、言い訳程度に終わりのほうで質問する方も多いのです。もしかしたら、講師に直接意見を言いにくいため、質問するという体裁をとって話しているのかもしれません。

でも、どのような言い方をしたとしても、自己主張していることにかわりはありません。それなら、「××について考えがあるんですが」とひと言断ってから、意見を言ってもらうほうが、はるかに受け止めやすいのです。

「質問される」と身構えてしまう理由

さて、ここでは「質問があるのですが」というフレーズを紹介していますが、実際は、上の立場の人に対して、「質問」以前の「お伺い」すら立てにくいというのが実情だと思われます。

ましてや「質問するなんて、とんでもない！」と感じていませんか。

なぜかというと、そもそも**私たちは、全般的に「質問に慣れていない」からです。このため何かを話した後に質問されると、「責められている！」という印象を持つのです。**

とくに質問にさらされていない若い人たちにしてみれば、相手からの質問は「攻撃」と受け止めて反撃に出たとしても不思議なことではありません。

人を逆上させてしまう尋ね方、落ち着かせる尋ね方

こんな事例があります。奥さんに子守を頼まれたご主人が、子どもを公園で遊ばせて

いたときのことです。ちょっと目を離した瞬間に、5歳の息子さんが頭をぶつけ、出血するケガをしてしまいました。慌てて救急車を呼び、大騒ぎになりました。

幸いケガは軽くすんだそうですが、家に帰ってきた奥さんは、息子の頭に痛々しくまかれた包帯姿を見るや否や、矢継ぎ早に質問しました。

「一体何が起こったの？」「喧嘩でもしたの？」「あなたが見ていたんでしょ？」と。

すると、ご主人は、「仕方ないじゃないか！」といきなり怒鳴り出し、

「お前だって、子どもからほんのちょっと目を離すことだってあるだろう！」

と奥さんを攻撃するような言い方をしたそうです。**ご主人は、「責められている」と感じて、「仕方ないじゃないか！」と感情的になって言い返してしまったのでした。**

質問するときは、こんな気遣いを！

こうしたやりとりは、実は頻繁に起こっているのではないでしょうか。こんなときの留意点として、聞き手側（質問する側）のポイントを示しておきます。

相手に矢継ぎ早に質問すると「攻撃」しているように受け取られてしまいます。この

ケースでは奥様は、次のように伝えておくと良いのです。

「あなたを責める気持ちはないけど、息子がなぜケガをしたのか、その理由を説明してほしいんだけど、どう？」

これでご主人の方も、少しは冷静な気持ちでいられるはずです。そうすれば、「近所の中村さんに、ちょっと挨拶をしていたときに起きたんだよ。急に大声で泣き出したので本当にびっくりしたよ」と状況を冷静に説明できるはずです。

質問したり持論を展開したりするときは、「なぜ聞くのか」「なぜ話すのか」という点を簡単に伝えておくと、「押しつけ」「攻撃」という印象が和らぎます。


まとめ！
- 回りくどい言い方は、印象が悪くなる
- 矢継ぎ早に質問すると、「責められた！」と相手は感じる
- 「なぜ聞くのか」を伝えてから質問しよう

2 「できません」と言い張る人の真意を探るには？

そのまま過ぎ！フレーズ

「なぜ、できないのですか？」と聞いてみる

point
受け止めてから意見を言う

伝わるフレーズ

「鈴木さんのお話では『できない』ということですが」とオウム返しする

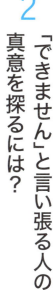

「なぜ××なんですか?」は避けるべき質問の一つ

「子どもの質問フレーズ」に要注意!

「なぜ××なんですか?」というフレーズは、いわゆる「子どもの質問フレーズ」です。いつまでも好奇心旺盛な視点を失わないことは大事ですが、心の中の声をそのまま口に出してしまうと、露骨でしつこいという印象を与え、ときには皮肉屋と受け取られてしまうでしょう。

相手の言葉を一旦受け止めよう

では、相手が「できません」と言い張るとき、どう応じればいいのでしょう。

このような場面で求められるのは、**「相手の発言を一旦、受け止めてから返す」**といった対応になります。

キャッチボールの場面をイメージするとわかりやすいでしょうか。

自分の意見を主張する人は、キャッチボールで例えると「ピッチャー」に当たり、投げる球は「言葉」です。

そこで、大切な役割を持つのが球（言葉）を受け取る「キャッチャー」、即ちコミュニケーションでいうと、「受け手（聞き手）」ということになります。

ピッチャー（話し手）が投げた球（言葉）を、体の真ん中で捉え（素直に受け入れ）、「ナイスピッチ！」（××ということですね！）と共感し、相手の言葉を繰り返しながら丁寧に返してあげるのです。

まずは、ピッチャー（話し手）の投げた球（主張の言葉）を、キャッチャー（聞き手）がしっかりと受け止めることで、お互いに落ち着いて相手の球（主張の言葉）を受け取り、返すというキャッチボール（会話・話し合い）が実現できるのです。

オウム返しをしてから主張を伝える

従って、**相手が「できません」と言い張る場合、「鈴木さんのお話では『できない』ということですが…」というように、相手の意向のポイントとなる言葉を「オウム返し」することが、対話を続ける上で重要なカギとなります。**

即ち、**「相手の意向（自己主張）を受け止めてから、自分の意見（主張）を伝える」**ということになります。

ここでも、**【主張と傾聴はセット！】【主張には傾聴が伴う！】**というコミュニケーションの原則をお忘れなく。

「相手の意向を受け止める」というと難しく感じますが、「相手が使った言葉をそのまま返すだけでいい」と考えれば、すぐ実践できそうな気がしませんか？

まとめ！

- **まずは「オウム返し」で傾聴する**
- **意見を伝えるのは、相手が言いたいことを言った後でいい**

3
同意を求められたが、「NO」と言いたいときは？

そのまま過ぎ！フレーズ

それには賛成できません。なぜなら…

point
反対意見は「イエス・アンド法」で

伝わるフレーズ

そうした考え方もありますね。それと…

知らぬ間に根づいている、「日本人の非常識！」

建設的に意見交換をしたいと思っていても、頭ごなしに反対されると、つい感情的になって、こちらも「相手の意見など絶対に聞くまい！」と意を決してしまいます。

なぜなのでしょうか。

それは**根底に「相手と自分は〝同じ〟という認識があるからです。**

もともと私たち日本人は、「違い」を意識しにくい民族です。狭い島国に、肌の色、目の色、髪の色が「同じ」日本人同士で暮らしています。

したがって、自然と「相手と自分は〝同じ〟」という認識が出来上がってしまい、その結果として、「同じ日本人なのだから！」という甘えが生じます。

「自分と同じ」が前提条件となりますので、自分の常識や正義を相手も受け入れて当然、という考え方をするようになるのでしょう。

その結果、意見の対立するコミュニケーションが苦手で、相手の意見に「耳を傾けない」傾向が如実に表れるのです。

「YES!」の後に「プラスαのひと言」を

相手の意見に「耳を傾けない」状態になっているときの代表的なフレーズがあります。上司やお客さまに対して発している方は要注意ですよ。

その言葉とは、「ですから!」というフレーズです。

相手が身内や家族の場合は、「だから!」「言ったでしょ!」になります。

いずれのフレーズも、「私は正しい! あなたは間違っている!」と主張していることに他なりません。

相手が疑問点や不明点をちょっと聞いてくるようなことがあれば、「ですから、私が先程申し上げたように!」「だから、さっき言ったように!」と自分の主張を述べるのです。こうなると、建設的な意見どころではなく、「不毛な議論」「無駄な時間つぶし」へと変化してしまいます。

こんなときこそ、**「そうした考え方もありますね!」と、相手の意見を「YES!」**

と「肯定」するのです。その後に「それと…」と言って、「プラスαのひと言」を付け加えてみてください。

「そうですね…しかし」ではありません。「そうですね…それと」というように、相手を否定しないことがポイントです。

「イエス・アンド法」あるいは、「一問二答」で返してあげるということです。

例えば、「今日は暑いですね」と話しかけられたとき、「そうですね」だけでは、会話が続きません。そこで、**「今日は午後には36度になるみたいですよ！」**と「アンド」「プラスα」のひと言を付け加えてみてください。

こうなると、会話に「広がり」や「発見」があり、結果的に、第三の「建設的な意見」を見出すことも可能になってくるはずです。

まとめ！

- **「そうした考え方もありますね」と言ってみる**
- **「それと…」と付け加える形で主張しよう**
- **「プラスα」の言葉で会話はグンとふくらむ**

4
相手の話に共感し、「わかるな、その気持ち」と思ったら？

そのまま過ぎ！フレーズ

「私も同じようなことがあって」と自分の話を始める

point
まずは気持ちを受け止める

伝わるフレーズ

「…だとお察しします」と心情に寄り添う

相手の感情に目を向けよう

地下鉄の乗り換えで、地下道を急ぎ足で歩いていたときのことです。

曲がり角に来たときに、反対側から来た20代後半の若い男性と軽く肩が触れました。

すると、彼は言いました。

「あっ、悪い！」と。

その後、何事もなかったかのように速足で立ち去って行きました。

「自分から先に」声をかけたのは良いのですが、あまりにも乱暴で、礼儀知らずな言い方でした。

もしかしたら、会社内でも「あっ、悪い！」式の声かけを誰彼かまわずしているのかもしれません。

現在、「コミュニケーション障害」なる言葉が出てきていますが、その背景には、人への関心が低くなってきたことが関係しているように思います。

この若者にしても、相手の態度や表情などから、相手は「いくつくらいの年齢の人だ

ろうか？」「今どのような状態だろうか？」「気分を悪くしていないか？」等々の情報を瞬時に読み取り、適切な言葉を投げかけることができたはずです。

コミュニケーションの「今、ここ」「目の前にいる相手」がどんな気分で過ごしているのか、そこに目を向け、共感してみる。

それが良好なコミュニケーションの原点です。

「…だとお察しします」と言ってみよう

さて、本項のフレーズを見てみましょう。

相手が振ってきた話材に対して、「私も同じようなことがあって」と、すぐに自分の話を始める人をよく見かけます。皆さんも心当たりはありませんか。

話を始めた途端、自分の話を遮られ、逆に話を聞かされる…これでは、あなたから「嫌われたい！」と伝えているようなものです。

コミュニケーションの場で、ついついやってしまいがちですが、**相手に共感したように反応しておいて、自己主張しないように肝に銘じておきましょう。**

対照的に、「…だとお察しします」と心情に寄り添う伝え方をすると、「この人はなんと、人の気持ちがわかる人なのだろうか」と好感を持たれ、その後の会話もふくらんで、こちらの考えに興味を示してくれるようになります。

見せかけの共感は厳禁です。まずは気持ちを受け止めて、相手の話にしっかりと耳を傾ける。その後に、自分の話をすればいいのです。

まとめ！

- **何でも、自分の話にもっていくのは悪いクセ！**
- **「…だとお察しします」と言ってみよう**
- **相手の反応が良くなり、こちらの意見も聞いてもらえる**

5 ネガティブな意見を言う人に、げんなりしたときは？

そのまま過ぎ！フレーズ

「でも、それはね」と口を挟む

point 視点を変える

伝わるフレーズ

「こういう考え方もあるかもしれません」と新しい視点を与える

よりレベルアップした伝え方がある！

相手の判断とは異なり、自分の判断が明らかに「正しい」と思えるときに、私たちはそのことを主張したくなります。

しかし、**「私は正しい！」と主張している姿とは、裏を返せば、「あなたは間違っています！」と伝えている状態と言えます。**

このような状況のときには、「イエス、アンド法」や「一問二答」というやり方もありますが、ここでは、さらにその上を行く「伝え方」をご紹介したいと思います。

それは、「視点を変えた伝え方」です。即ち、別の観点から物事を捉え直して伝えるという方法です。

新しい視点を与えることで、相手にも気づきや発見が生まれ、結果的には、自分が思うような方向に相手を動かし、現状を変えることにつながります。この意味からも「レベルアップした伝え方」と言えるのです。

このときの「視点」には、その人それぞれの「モノの見方・考え方」や「コミュニケーション能力」が顕著に表れます。ちょっと大げさに表現すると、その人の「人間力」が問われるのです。

ベテラン講師の卓越した視点とは？

これは二十年以上前の話です。上司のある伝え方で皆の心が一変した出来事がありました。

私は今でこそ、三十年以上コミュニケーションの研修講師としてやってきた講座や講演のキャリアがありますが、二十年前の私は、「アシスタント講師」として、ベテランのメイン講師に同行して、勉強していました。

そんなある日、後輩のアシスタント講師Kさんが夕方のセミナーへ向かうときのことでした。

一日の仕事を終え、疲れた体に鞭打って、セミナー会場に向かおうとしているそのときです。鉛色の雲が近づいてきたかと思ったら、バケツをひっくり返したような土砂降りの雨になったのです。

その雨を見ながら、「なんてついてないんだ！」「嫌だな〜」という心の言葉が、ハッキリと周囲にいる人間にも伝わってしまうような「態度・表情」をしていました。

そのとき、私はKさんの気持ちに「共感」して、「大変だけど、頑張ってね！」と、共感と励ましの言葉で伝えたのです。

しかし、それを聞いたKさんは、「他人事だと思って！」と言わんばかりの浮かない表情をしたのです。

この様子を見ていたベテラン講師は、視点を変えたひと言を発したのです。

「受講生がセミナー会場で、君のことを待っているんじゃないのか」と――。

これを聞いたKさんは、雲の切れ間から太陽の陽が差したように、サッーと一気に、「態度」も「表情」も「振る舞い」も明るくなったのでした。

ベテラン講師は、Kさんの視点を「土砂降りの雨」から、「セミナー会場で待ってい

る受講者」に変えるような伝え方をしたわけです。

人はいろいろな状況において様々な相手と、常に変化する状況の中で、「話す・聞く」というやりとりをしています。

ともすると「一方的・断定的」に狭い範囲でしか考えていないことも多いものです。こんなときこそ、客観的に落ち着いて、よく観察・洞察してみることで、「視点を変えた伝え方」も、少しずつ身についていくはずです。

まとめ！

- **暗い気持ちになっている人には、共感するより、別の視点を与えてあげる**
- **周囲にいる「新しい視点をくれる人」をよく観察してみよう**

6
相手の説明が「長い！」と感じたら？

そのまま過ぎ！フレーズ

「つまりは」と口を挟む

point
要点をかいつまんで伝える

伝わるフレーズ

「いい話をありがとうございます。私の言葉で表現させていただきますと、××ということでよかったでしょうか？」と確認する

共通点を確認したくて、「つまり！」と言ってしまう

私たちは何かにつけて相手との「共通点」を確認し、強調したい、という思いに駆られる傾向があります。その結果、「わかる、わかる！　〝つまり〟××ということでしょ！」と、いわゆる「仕切屋タイプ」になってしまうのではないでしょうか。

この「つまり」や「要するに」という言葉は、相手の話を要約して、一回り大きな括りで話をまとめたりする言葉でもあります。

相手が言いたいことを遮ってはならない

例えば、

「電力会社やガス会社の料金未納者に対する回収作業は、一筋縄ではいかないのです！」

とある人が発言したとします。それを聞いていたあるメンバーが、

「つまり、**〝ライフラインに関する会社〟**の料金未納者に対する回収作業は、一筋縄で

はいかない、ということを伝えたいわけですね」

と要約したとします。ここでは、「電力会社やガス会社」を「ライフラインに関する会社」とまとめたわけです。でも、発言者からすると、

「**〝電気とガス〟は、〝目に見えないもの〟ということを伝えたくて出した例なのに**！

自分が誰よりもわかっていると言わんばかりに、堂々と人の話を奪って、その場を仕切って、さぞかし気分が良いことでしょうね！　その分、私はすごく気分が悪く、意見を伝える気持ちもなくなり、その場から立ち去りたい気分になった！」

と感じているかもしれません。

良い聞き手はココが違う

では、どうしたら、このような結果を招かずにすむのでしょうか。例えば、

「**いい話をありがとうございます。私の言葉で表現させていただきますと××ということでよかったでしょうか？**」

このように、「自分の言葉で相手の発言の意図や意味を確認する」というアプローチ

に変えたとしたら、いかがでしょうか。

発言者の立場からすると、「この人は、私の発言を正確に受け止めようと、真摯に話を聞いてくれている。なんと良い聞き手なのだろう」と、軽い感動すら覚えるかもしれません。

こうなると、その後の話し合いの展開や得られる結果という「成果物」に関しても、大きな差が出てくることが想像できるのではないでしょうか。

もちろん「話し手の話の要点をつかんで確認する」という行為自体は、正確に情報をやりとりするために不可欠なプロセスです。でも、中途半端な理解度で確認すると、相手の話の腰を折ってしまうのです。

だからこそ、「自分のことを話したい」という欲求を抑えて、「相手の話を正確にキャッチしよう！」ということに重きを置いて聞くのです。

すると、相手に尋ねるタイミングも、尋ね方も変わります。

例えば、**「あなたの話を〝私の言葉〟で要約し、確認させていただきたいのですが」**という言葉を挟んでから発言するだけで、その場にいる他のメンバーの理解度もより深まっていくはずです。

先ほどの「電気会社やガス会社」のケースに戻ってみましょう。ここでも、

「私の言葉であなたの発言を確認すると、〝ライフラインの会社〟ですか？」

と確認することで、発言者は迷うことなく答えるでしょう。

「電気、ガスということでしたら、勿論おっしゃったように〝ライフラインの会社〟で間違いはありません。**私の言葉が足りなかったのですが、強調したかった点は、電気やガスのように、〝目に見えないものを扱っている会社〟ということでして**」と。

こんなふうに、ちょっとした言葉の使い方でお互いに気持ちよく目的にかなったコミュニケーションをとることができます。

まとめ！

- **共通点の確認は、心の中で行えば良し！**
- **口を挟むときは、ひと通り相手の話を聞いてから**

7
「コスト削減」を提案したら反論された。こんなとき、どうする？

そのまま過ぎ！フレーズ

「コスト削減がカギになります」と断言する

point
第三の意見を模索するために、対立点を明らかにする

伝わるフレーズ

そうですか、コスト以外が原因だと主張なさるんですね。では、それぞれのメリット・デメリットを確認しましょう

意見の「違い」を整理、分析する力が必要

お互いの主張が対立したとき、どのような着地点を見つければよいのでしょうか。とくに立場や所属組織が異なる場合、お互いの要求、主張は、真っ向から対立することが多いのです。

まずは「対立状況」を調整し、解消していかなければなりません。

「対立状況」とは、別の言い方をすれば、「違い」になります。

そこで、「違いは一体何なのか?」「主張点のどこが一番違うのか? それはなぜか?」というように、違いの分析や整理といった作業が必要になってくるのです。

こんな論理力を使って情報を整理しよう

そこで必要になるのが「論理的な考え方」です。ここで紹介するのは「演繹法」と「帰納法」です。ポイントを簡単に説明しておきましょう。

【演繹法と帰納法】

①「演繹法」

一般的・普遍的な前提から、より個別的・特殊的な結論を得る論理的推論の方法で、「前提」を認めるならば、絶対的・必然的に正しくなります。

例えば、大前提「人間は死すべき存在である」↓中前提「織田信長は人間である」↓結論「従って、織田信長は死ぬ」「歴史上の人物として、既に死んでいる」となります。

②「帰納法」

一つひとつの事象・現象から、共通点を見出し、結論を得る論理的推論の方法で、「共通点の見出し方」を間違えると、間違った結論に至ります。

例えば、「信長は死んだ」「秀吉も死んだ」「家康も死んだ」↓共通することは「歴史上亡くならなかった人物はいない」↓「従って、人間は死すべき存在であると言える」という「結論」であれば、問題はありません。

この他、論理的に伝えるためのスキルとして「三角ロジック」を紹介しておきましょう。

【三角ロジック】

三角の頂点に位置づけられるのが、「主張」です。

そして、底辺の2点に当たるのが、「データ」と「理由づけ」となり、この2つを合わせたものを「根拠」と言います。

したがって、会話のみならず、ビジネス場面での説明やプレゼンテーションにおいても、「主張」と「根拠」、この2つを「セット」にして伝えなければ、相手は理解できず、結果的に伝わらないことになります。一例を挙げておきましょう。

①「主張」:「明日は傘を持って行きなさい!」

②「データ」:「なぜならば、明日のこの地域の降水確率が、気象庁のデータによると80%になっているからです」

③「理由づけ」:「気象庁の降水確率のデータであれば、信頼できるので、高確率で雨

が降ると予想される」

右は84ページでも取り上げた例ですが、〝まず主張ありき〟で組み立てていることがわかります。そして、最初の主張点「だからこそ、私は明日あなたに、傘を持って行きなさいと主張しているのですよ」となるわけです。

論理的に伝える手法は、説得のコミュニケーションで力を発揮します。

「主張と根拠」をセットで伝える！

ここで注意すべきポイントを一つ。**多くのケースで「主張」を避けようとするあまり、「根拠だけ」述べて終えてしまう傾向があります。**

先の例で言うと、「明日はこの地域の降水確率が80％らしいですよ。これは気象庁の情報ですよ」という伝え方です。

こうなると、伝えられた相手は一体どのように考えるでしょうか。

「それが一体何なのですか!?」「あなたは一体私に何を伝えたいのですか!?」となるで

しょう。

このように、**根拠を話してから、「あとはお察しください」と相手にもたれかかったような伝え方は改善していきましょう。**

一方、親や上司のように、立場が上の人は往々にして「主張」しかしません。先の例では、「明日は傘を持って行きなさい！」と言うだけで、根拠を一切、説明しないわけです。

この場合、伝えられた相手はどう考えるでしょうか。納得できないまま、しぶしぶ行動せざるを得ないはずです。

以上のように、「根拠」だけでも、「主張」だけでも、自分の思いや必要な情報は、正確に相手には伝わりません。

自分の「考え・必要な情報」あるいは「主張」を、相手に伝えるためには、「主張と根拠をセット」にすること。これを覚えておいてください。

まとめ！

- **主張と根拠をセットで伝えよう**
- **そうすれば説得力がグンと増す！**

4章

無意識に
「命令口調」に
なってしまう人のための
「依頼・催促・断り」のルール

相手の信頼と協力を得られるステップとは？

「～していただけませんか!」は丁寧なようでも命令口調

1章では職場の同僚や後輩など、比較的、身近にいる人に頼み事をするケースについて説明しました。本章では、その対象をもう少し広げて、他部署の人や取引先に対して依頼する場面、さらには相手に催促したり、断ったりするケースについても説明します。

例えば、取引先に仕事を依頼する場面で、

「××までに納品していただきたいです!」

「××に決まりましたので、お願いできますか!」

こんな言い方をしていませんか。

これらはいずれも、相手の意向を聞かずに依頼する言い方で、人によっては「命令された」と感じてもおかしくありません。

依頼はともかく、相手に催促するような場面では、焦りや苛立ちで語気が強まるものです。普段の伝え方を早急に見直す必要があります。

言うまでもなく、「依頼」「催促」「断り」の場面では、相手を説得し、こちらの意向通りに動いてもらう必要があります。

目的を達成するためにも、相手の自発的な行動を促すためにも、「相手の信頼と協力を得る」言い方を身につけましょう。

頭脳《アタマ》と感情《ココロ》、両方に訴えかける表現を！

では、「相手の信頼と協力を得る」ためのコミュニケーションのコツをご紹介しましょう。ポイントは次の3つになります。

①日常から「良好な人間関係」を築く
②相手の「理解」と「納得」を得る
③「自発行動」への〝ワンプッシュ！〟

①についてはいうまでもありませんね。日頃から良好な関係を築くようにしておけば、相手の協力は断然、得やすくなります。

②に関して、相手の「理解」と「納得」を得るには、相手の「頭脳《アタマ》」と「感情《ココロ》」に訴えると効果的です。即ち、「論理的」にわかりやすく説明することに加えて、相手の感情面にも配慮するというわけです。

「何が問題で、どのようにすれば、解決できるのか」という道筋を「誰にでもわかるような言葉」で、「相手の気持ちや立場に立った説明」を行い理解を促進する。そこに感情面での配慮をプラスすれば、相手が「納得」しやすくなるのです。

①と②のステップを踏めば、いよいよ「相手を動かす伝え方」に進みます。

3つの「アイ」、すなわち「あいさつ・アイコンタクト・相手の立場」を考えることで、相手を動かす可能性は高まります。

もちろん、相手と状況は常に変化するので、伝え方の上級テクニックが求められます。

それでは、実践的なケースで上級テクニックを押さえていきましょう。

1 締切を破る人にクギを刺すには？

そのまま過ぎ！フレーズ

「今回は、やってもらわないと困ります！」と強く言う

point
理由と根拠をきちんと伝える

伝わるフレーズ

「前回よりも余裕をもってお願いしておりますので」と理由を述べて依頼する

納期を守ってほしいときの有効な言い方とは？

「誘導フレーズ」を使ってみよう！

仕事を依頼するときは、よほど注意しないと高圧的な言い方をしてしまうものです。

納期を守ってほしい相手には、納期までに十分な日程を確保して依頼している旨を説明し、納得してもらいましょう。

この章のテーマである「依頼」「催促」「断り」に共通するコミュニケーションのポイントは、「理由・根拠を述べて、相手の理解と納得を得る」ということです。

締切にルーズな相手に上手にクギを刺したい場面で、便利なフレーズがあります。それは、**「なぜ私が、このように納期に厳しく申し上げるかと言いますと…その理由は」**です。

「なぜならば」に相当するフレーズで、「理由・根拠」をきちんと伝えるための**【誘導フレーズ】**として活用できます。

理由を説明するときは、このように具体的に伝えましょう。

「前回は2週間前の発注でしたが、今回は、余裕をもって1ヵ月前に発注しておりますので、納期を守っていただけると考えておりますが、いかがでしょうか?」

このように伝えれば、相手も反発することなく、スッと受け入れてくれるはずです。

この他にも、代表的な【誘導フレーズ】を2つご紹介しましょう。

①「例えば」「例えてみれば」

例の出し方が上手くなると、相手とイメージの共有がしやすくなります。

何となく話の内容はわかるけれど、具体的にイメージしづらい。そのようなときに、身近なモノや人、そして現象などを例にして話すと、「そういうことね!」となるわけです。また、こうした比喩は印象に残りやすいですね。

ぜひ、意識的に「例え」を使って話してみてください。

②「ひと言で言うと」

伝える側も受け取る側も、正確かつ明確にやりとりできる【誘導フレーズ】です。

その「ひと言」が、簡潔に、具体的に、凝縮された言葉であればあるほど、話し手と受け手とのギャップが少なくなります。

では、「ひと言」とは、どの位の長さのフレーズを指すのでしょうか。

長さに制限はないのですが、**「20字以内の凝縮した言葉」**と考えてください。

「このような状況を突破するには、私たち一人ひとりが協力し、団結していくことが必要になります。ひと言で言うと、〝チームワークがすべて〟です」

というように、自分の発言した内容、言葉が凝縮される分、中身が濃く、相手に響く言葉となります。

まとめ！

- **依頼や催促をするときは「理由・根拠」を伝えよう**
- **便利な「誘導フレーズ」を使ってみよう**

2 「早めに納品してください」と伝えるには？

そのまま過ぎ！フレーズ

「金曜日までにいただけると助かります」と期限を決める

point
情報を得て、話の接点を増やす

伝わるフレーズ

「納期の目安を教えていただけますか？」と意向を確認する

こんな言い方では、命令されたように感じる

「金曜日までにいただけると助かります」という伝え方は、どこが命令口調なのかわかりますか。

実は、「助かります」という言葉を加えたとしても、「金曜日までに」という締め切りを迫っている時点で、半ば命令していることに変わりはないのです。

頼まれた側は、相談する余地がないため、「結局、金曜日までに仕上げるんでしょ！」と「逃げ道をふさがれた状態」となり、嫌々応じるか、拒絶するかのどちらかの行動に出ざるを得ません。

では、どう伝えれば相手が気持ちよく、要望を聞き入れてくれるのでしょうか。

まずは**「納期の目安を教えていただけますか？」**というように、納期の大まかな「目安」、言い換えれば「見通し」を尋ねましょう。

この質問により、情報収集ができる上に、相手もこちらが話を聞く姿勢をもっている

ことがわかり安心するはずです。

3択で提案すると、受け入れてもらいやすい

次に、「依頼事をスムーズに受け入れてもらえるような表現」を考えていきます。

これは相手を動かすときに効力を発揮します。


それは、【選択肢を設ける！】という手法です。


選択肢を設けるときは「3択」が望ましいのです。

なぜ「3択」かと言うと、選択肢がない場合は、「ごり押し」という「強制感」があります。「2択」にすると、選択はできますが、「どちらか選べと言うの？」という「半強制」という印象を抱きかねません。

そこで「3択」にすることで、拒否しにくくなるわけです。

「3つも選択肢を提示してくれたのだから、どれか選ばなくては！」と自発的に決めよ

うという気持ちにさせる効果があります。

２つ目のポイントは、**「選択肢を設け、相手に選ばせる」**というテクニックです。これは、相手の「自発行動」を促す説得や、「対立状況」を解消し合意を形成していく「交渉」などをするときに不可欠な方法です。

セールス場面でこんなふうに役立つ

理想を言えば3択ですが、あえて3択にしなくても、選択肢を設けて相手に選ばせるという方法は有効です。実際、私はセールスでお客さまとアポイントを取るときに使って非常に効果がありました。

一例を挙げましょう。ここでは相手と人間関係があまり構築できていない「新規開拓」のケースを想定しています。

「おはようございます！　A社の○○です。□□様、今お電話大丈夫ですか？　ところで今度、御社の××に関するコスト削減の大きな武器となる当社新システムのご紹介に伺えればと思っております。つきましては、『今週』か『来週』のご都合はいかがでしょうか?」

このように選択肢を提示します。あとは、先方の仕事の状況次第で多少のスケジュール変更が生じる場合もあります。例えば、「今月中旬か下旬」などの変更です。

このときお客さまが、

「今週は厳しいので来週なら多少時間が取れます」

と答えてきたとします。

ここでも、「選択肢」を設けましょう。

「では、来週でしたら、前半と後半は、どちらがよろしいですか?」

となります。

お気づきでしょうか。この時点ではほとんど、「アポイントを決める」という状態になっているのです。**「来週でしたら、後半の方が助かります」**と、もう既に候補日を示しています。ここでも、「選択肢」を提示します。

「では来週の後半でしたら、木曜日と金曜日では、どちらがよろしいですか？」

と言って、「あなたのご都合に全面的に合わせていますよ！」とアピールできるのです。

このとき**「金曜日は会議もあるので、木曜日の方が良いですね」**という答えが返ってきたら、相手が「自発的」に発言し、アポイントの日程を決めていることにお気づきですか。

ここでも、また「選択肢」を提示してください。

「それでは来週の木曜日、〇〇日の午前と午後では、どちらがご都合よろしいですか？」

と聞きます。「午後で」となったら、自分の都合も考え、ここではじめて「14時で！」となり、アポイント成立です！

まとめ！

・アポを取るときは、どんどん選択肢を提示して選んでもらおう

3
たたき台を2、3案もらうはずが、1案だけのとき、どう催促する？

そのまま過ぎ！フレーズ

2、3案、出していただきたいと申し上げたじゃないですか！

point
手違いがないか確認する

伝わるフレーズ

言い忘れていたかもしれませんが、2、3案お願いした件は伝わっておりましたか？

「責任転嫁フレーズ」に要注意！

「〜と申し上げましたよね！」は非難する発言

このケースは、先方に複数のたたき台をつくってもらうはずが、1案しか出してもらえなかったため催促するという設定です。

こんなとき、どのように催促すればいいのでしょうか。

まずは「2、3案、出していただきたいと申し上げたじゃないですか！」という伝え方について見てみましょう。

「〜と申し上げましたよね！」というフレーズは、言い換えれば、「私は言いましたよね！」という「念押し」と言うよりも、「責任転嫁」と言える表現です。

「私はちゃんと言ったのに、その通りにやらないあなたが悪い！」と非難している状態です。こうなると、相手も攻撃に転じるか、自己弁護するかのどちらかの状態に陥ってしまいます。

こうしたときは、不毛な議論をしないためにも、まずは、自分の伝え方に落ち度がなかったかどうかを振り返って、尋ねてみましょう。**「言い忘れていたかもしれませんが、2、3案お願いした件は伝わっておりましたか？」**と。

こうした場面でのやりとりには、「人間性」や「品位」が如実に表れます。

「自分は正しい！　相手が悪い！」という姿勢でいたら、いつまでたっても事態を打開することはできません。

先にこちらが現状を受け止め、「言い忘れたかもしれませんが」と言ってみます。すると、「やまびこ」のように、今度は相手の方から「いいえ、私こそ、聞き忘れていたかもしれません」と謙虚な返事が返ってくることでしょう。

こうして同じ「話し合いのテーブル」につくことができて初めて、再度「催促」できる環境が整うのです。

まとめ！

- **「～と申し上げましたよね！」は事態を悪化させるだけ！**
- **「言い忘れたかもしれませんが」と半歩引いて切り出してみよう**

4 「私はいいのですが、上司が…」と担当者に言われたら？

そのまま過ぎ！フレーズ

そこを何とかお願いします！

point
本音を探り、できることを提案する

伝わるフレーズ

最大の懸念事項は何ですか？

【NOの種類】は少なくとも5つある

一般的に断ることは、相手の要求・要望を「NO」と言って拒否することです。このため、相手に断られるとしょげてしまい、すごすごと引き下がってしまう人がいますが、「NO」は拒否ばかりではないのです。

「NO」にもいくつかの「種類」があり、その真意をくみ取ることで、ときにはYESを引き出す突破口にもなり得るのです。以下に5つの「NO」を紹介します。実際はもっといろんなニュアンスの「NO」がありますが、代表例としてこれら「NO」の5種類を知り、上手に突破口を見つけて解決の糸口にしてください。

【NOの種類】

①『様子見のNO』

ビジネスの修羅場をくぐり抜けてきた百戦錬磨のビジネスパーソンになると、いわゆる「ポーカーフェイス」で、なかなか「本心」を見せないものです。ましてや交渉事などは、あえてＮＯと言って「揺さぶり」、相手の「様子」や「反応」を引き出し、本音や相手の力量を判断します。

②『情報収集のＮＯ』

簡単に「ＹＥＳ」と言ってしまうと、それ以上の情報提供をしてくれないのではと警戒する相手から出されるＮＯです。「もっと情報が欲しい！」、あるいは「相手はどこまで情報を持っているのか？」などを探るためのＮＯですから、判断材料を提示してあげることです。

③『勿体をつけたＮＯ』

本当は「ＹＥＳ」なのですが、「立場上」「見栄があるから」「軽く見られぬよう！」などの思いが先行すると、「私はいいんですけどね」という「勿体をつけた伝え方」をするものです。こんなときには「押してもダメなら引いてみる！」という言葉にならってみましょう。「引く」という意外性の演出により、相手の本心に迫り、逆にＹＥＳを引き出す行動に駆り立てることができます。

④『周囲の反対からのNO』

自分はYESなのですが、「黒幕」「決定権者」等による周囲からのNOです。このような場合は、真の決定権者をいち早く発見し外堀から埋めることが求められます。

⑤『高飛車のNO』

窓口のクレーマーなどに代表される「大声で怒鳴る」が代表的です。こんな場合は、「正論で突く」と意外と相手は弱点を見せるものです。

一度断ってから、尋ねてみる

相手の断りに対処し、解決の糸口を探るための方法を紹介してきました。しかし、立場が変われば、こちらも相手の要求を断る場面が出てきます。この際、しこりを残すことなく、上手に断るにはどうしたらいいでしょうか。

例えば講演会の講師を頼まれたにもかかわらず、日程が合わず、断らざるを得ないとします。こんなとき「申し訳ないですが、～という理由で、ご協力できません」と一度は断ります。でもその後、次のようにフォローします。

「失礼ですが、目的は何ですか？」

「それでしたら、私よりもっと適任の方がいます。ご紹介しましょうか？」

このように一度断った後に、「私にできることはありますか？」「最大の懸念事項は何ですか？」という【問題解決型フレーズ】あるいは、【提案型フレーズ】や【不安解消フレーズ】を提示するのです。これにより相手に感謝され、新たな仕事に繋がることもままあるのです。

まとめ！

- **断られても諦めずに、「NO」の種類を見極めよう**
- **自分が断るときは、【問題解決型フレーズ】等を投げかけフォローしよう**

5 商品が納品されない！どう催促する？

そのまま過ぎ！フレーズ

昨日は△△をいただく期限でした。至急お送りください

point
期限が過ぎたという事実を伝える

伝わるフレーズ

△△をいただく期限が過ぎましたが、何か問題でもありましたか？　進捗はいかがでしょうか？

催促する場面で有効なフレーズとは？

「FACTフレーズ」を使ってみよう

「これ以上、待ちきれない！」というような切羽詰まった状態になると、「昨日は△△をいただく期限でした。至急お送りください！」と、まるで【役所フレーズ】のように、気持ちがこもらず事務的で強制的な伝え方になりかねません。

こんなときには、効果的な【FACTフレーズ】を試してください。すなわち【事実のフレーズ】を伝えるのです。

このケースでは、「△をいただく期限が過ぎましたが、何か問題でもありましたか？」というように、「期限が過ぎた」という事実を伝えています。下手にひねらず、そのまま伝えることで、相手に感情をぶつけずにすみます。

私が昔、ある活動で執行委員になっていたときのことです。活動をとりまとめているNさんにある業務を依頼をされたのですが、仕事が忙しくて、ずっと手をつけられないでいました。

そんなある日、Nさんが「催促」にやって来ました。その話しぶりは理路整然としていて、いかにも「頭が切れる」話し方でした。延々と続く論理攻撃の最中、ふと顔を見ると、子供が駄々をこねているように唇を尖らせていたのです。

思わず私は言いました。「あの〜、失礼ですが、唇が尖っていますよ！」と。

すると、Nさんは慌てて口を押さえ、我に返って言いました。

「少し一方的に言い過ぎたかも知れない。櫻井君にも理由があることだろうから、その辺りを聞こうじゃないか！」と。

こうして状況は一変し、やっと私の話を聞いてもらえる状況になったのでした。

このように、感情的になったときや言いにくいことを伝えるときには、【事実を伝える】というテクニックを使うことをお勧めします。

これなどは、ＦＡＣＴフレーズを使った応用編と呼べるものですが、ときにはその場の状況を正しく伝えることで、お互いが冷静になり、落ち着く効果が生まれるのです。

まとめ！

・催促するときは事実を指摘し、相手を責めないこと

6 仕上がりがイマイチ。「やり直してください」と頼むには？

そのまま過ぎ！フレーズ

やり直してほしい箇所があるのですが

point
相手の考える余地を残す

伝わるフレーズ

大変素晴らしいものを仕上げてくださってありがとうございます。一部、ご相談したい箇所があるのですが

「相手否定」をしないように配慮する

今回のケースのように「現状否定」をするときに注意したいのは、「相手否定」をしないということです。

現状を否定し、さらなる改善を要求する行為は、上司が部下の成長を願って叱る行為のようなものです。

「叱る」というコミュニケーションの本質は、「相手の存在を肯定し、やる気・意欲を喚起して自ら行動させ、最終的には、相手の成長を促すことを目的とする伝え方」と言えるでしょう。**つまり、相手を否定する狙いは、本来ないのです。**

「やり直してほしい箇所があるのですが」

というように、何の前触れもなくズバリと指摘すると、相手は真っ向から否定されたような印象を抱くはずですから、こうした言い方は避けなければなりません。

まずは、こちらからの依頼に対して、行動していただいたことに感謝の言葉を申し上

げる。その上で、

「大変素晴らしいものを仕上げてくださってありがとうございます。一部ご相談したい箇所があるのですが」

と言えば、**「イエス、アンド式」の伝え方になり、相手を受け止めた上で、新しい視点を述べるという形になります。**

ここでのポイントは「相手の考える余地を残す」ことです。自分一人で結論を出すのではなく、「ご相談したい」というように、相手の意見を聞く姿勢を見せることが大事なのです。

まとめ！

- **まずは「ご相談したいことがありまして」と持ちかける**
- **相手の意見を受け入れる姿勢を見せよう**

7 無理を言うお客さまをなだめ、断るには？

そのまま過ぎ！フレーズ

ですからお客さま、それは会社の決まりでできないんですよ！

point

まずは相手に共感する

伝わるフレーズ

私としては××だと考えておりますが、力及ばず申し訳ありません

頭ごなしに否定する「ですから!」「だから!」は禁句

断りのときに、言ってはいけないタブー・フレーズとして代表的なのが「ですから!」「だから!」というフレーズです。例えば、

「ですからお客さま、それは会社の決まりでできないんですよ」

こんな断り方は、相手の気持ちを逆なでする最も下手な断り方です。

いきなり「ですから!」と相手の言い分や気持ち、背景、立場等々を上から目線で押さえつけているからです。

「ですから!」というフレーズは誰もが耳にした経験があるでしょう。

ある区役所の窓口で、私はイヤと言うほど耳にしたことがあります。

土曜日で役所は休みだったため、施設の貸し出しを行う職員が、住民の問い合わせに応対していたときのことです。

どうやら電話口の住民は、孫と公園で遊んでいるときにスケートボードをする若者が

いて危険だから注意してほしい、と訴えているようです。

この「依頼・要求」に対して、職員は一通り「ハイ、ハイ」と聞いた後で、「ですから！　先ほども申し上げましたようにですね！」「それは管轄が違うんです！警察に言ってください！」「決まりですから！」と繰り返します。

これを聞いた電話口の住民は、再び感情的になって訴えて、職員がそれを押さえつけるというやりとりを延々繰り返しているのです。

ここでは、「ですから！」のみならず、これもまた、言ってはいけない代表的なフレーズ「決まりですから！」を連発しています。この言葉ほど、相手を怒らせる言葉はないかもしれません。

「決まりですから！」の意味するところは、「話し合う余地はありません！」「何度言われても変わりません！」「できないものは、できません！」です。これではますます相手を怒らせてしまうことでしょう。

こんなときには頭ごなしに否定するのではなく、共感的に聞くことです。

年配者の住民が職員に最もわかってほしかった「気持ち」とは一体なんだったのでし

ょうか？

それは、「いつ子どもがケガをしても不思議ではない状況に今私はいるんです！　不安だし、ケガをさせたらどうしようと心配で仕方がありません！」という気持ちや状況、立場でしょう。こうしたときには、このように共感してみましょう。

「さぞかしご心配ですね。心情をお察しします。今回の件では、警察にお電話していただくのがよろしいかと思いますので…」と。

とても短い言葉ですが、わずかでも相手の気持ちを受け止めるだけで、相手は安心し、20分以上も堂々巡りの言い合いをすることはなくなります。人は「共感してほしい生き物」なのです。

まとめ！

・不安を訴える相手には、「さぞかしご心配ですね」と寄り添ってから、事実を伝えよう

8 進捗状況をメールで確認するとしたら？

そのまま過ぎ！フレーズ

「△△は、日程通りに進んでいますか？」とメールを出す

point
メールをした後、電話できちんと確認する

伝わるフレーズ

「△△の作業に入った頃でしょうか？」とメールした後、**「先日メールで伺いましたが、私の言い方で気に障った点があるかもしれません」**と電話をしてフォローする

何事もフォローが大事！

「メール」は、文字情報がメインなので、その行間に口ぶりや声のトーンを交えることができません。結果としていろいろと行き違いや勘違いが生じても不思議ではありません。

これは私の体験談です。ある会合を終えた後、同席していたある方に、話し合いの重要ポイントを確認するメールを送りました。

間もなく、その方から返信メールが届きました。「ありがとう」というお礼メールだと信じて疑わなかったのですが、そのメールは意外にも、「私がわかっていないとでも思ったのですか!? 大事な情報ですので、当然十分認識しております！」というどちらかというと、お怒りのメールでした。

私からすると、「あくまでも〝念の為〟です！」と強調したつもりでしたが、その方は、「私を疑っているのか!?」と受け止めたのです。

この後、電話をかけて謝罪すると同時に、誤解を解いてもらうように説明とご理解、ご協力の依頼をして、わかってもらうことができました。

相手に「△△は、日程通りに進んでいますか？」とメールを出す行為は、「あなたを信用していません！」というメッセージになってしまう可能性があるのです。

こうした誤解を与える可能性があるため、メールを出したら電話でフォローするという習慣をつけましょう。

例えば、**「先日メールで進捗状況を伺いましたが、何がご不明な点はありませんでしたか？　私の言い方で気に障った点はありませんでしたか？」**と尋ねてみましょう。メールでは伝えきれない情報をやりとりする良い機会にもなります。仕事をスムーズに進行する上でも役立つ方法といえるでしょう。

まとめ！

- **「確認メール」を送る危険性を知っておこう**
- **メールを出した後、相手の受け取り方を確認しよう**

9 見積書が届かない。メールで、どう催促する？

そのまま過ぎ！フレーズ
大至急、見積書をご送付いただけますようお願いいたします
point
「大至急」「要回答」「締切厳守」という表現は使用しない
伝わるフレーズ
見積書がまだ届いておりません。ご確認いただければ幸いです

相手に恥をかかせない メール文の書き方

昔も今も、ビジネスの場で求められるのは「気配り」です。この「気配り」は物事を円滑に進めるコミュニケーションの技術で、「相手に恥をかかせない技術」と言えるでしょう。

ところで、メールで伝える際の注意点は、相手が目の前に存在しないため、「思ったことをそのまま表現」しやすくなるという点です。

「見積書を大至急、ご送付いただけますようお願いいたします」という文面を臆面もなく送りつけてしまうのはこのためです。

「大至急」などと催促をされた相手は、一方的に悪いと決めつけられているようで気分を害することでしょう。

催促をする際も、「相手に恥をかかせないような言い方」が求められます。

例えば、「お忙しい中、大変恐縮ですが」という言葉を挟んでから、「もしも行き違った場合は、申し訳ありません」と、あくまでも相手側を気づかうという姿勢で応じましょう。

そこで、**「見積書がまだ届いておりません。ご確認いただければ幸いです」**という表現が考えられるわけです。

この言葉の行間には、**「信頼している御社のことですから、よほどの理由や何かの手違いがあったことと想像しますので、お手数をおかけしますが、ご確認いただければ助かります」**という意味が隠されているわけです。

なお、繰り返しますが、メールのやりとりには、文字情報のみで伝える際に起きやすい「誤解や行き違い」が発生する可能性があります。したがって、メールで催促したら、「その後の電話でフォロー」をセットにしてください。

現代は、「デジタルとアナログ」「論理と感情」「聞くと話す」「視覚と聴覚」等々の「バランス感覚」が求められる時代ではないでしょうか。すべてに必要となるのが「フォロー」と言っても過言ではありません。

まとめ！

・催促時は、「行き違った場合は申し訳ありません」というひと言を添えてみる

5章

職場の人、お客さまと話すとき、シーンとしてしまう人のための「会話」のルール

「聞く力」こそ会話力のベースです！

お客様との会話が続かないボクは
シーーン
会話が続かない…
聞き上手になると決めました。
雨の日も風の日も日々修行。
ウオオオ!!
努力あるのみ。
こうして今ボクは、すっかり
聞き上手な会話上手。
ワイワイ
あんな修行でなぜ…
逆にスゴイ

顔の表情で、気持ちがバレバレ

最終章のテーマは「会話力」です。

当たり障りのない話をしているうちに、話のネタがつきて、何を話したらいいのかわからず、気まずい沈黙が訪れる……。

こんな経験は、誰もが一度や二度しているのではないでしょうか。

会話を弾ませ、楽しく続けることは難しいものです。

例えば、「どうもこの人とは話が続かないな」といった印象を抱くと、こうした気持ちが相手に敏感に伝わって「場の空気」となってしまいます。そして、二言、三言、言葉を交わしただけで沈黙してしまう……。

そのときの自分の「顔の表情」を想像してみてください。きっと表情が強ばり、落ち着きのない状態ではないでしょうか。

会話に苦手意識を持ったり、特定の人にあまり良くない印象を持ってしまうと、それが相手にも伝播する。これぞコミュニケーションの盲点です。

『一対一の「会話」における「場の空気」は、自分自身で決めている』のです。

このことを肝に銘じつつ、苦手な人や嫌いな人であっても、スムーズに会話ができるようなスキルを身につけていきましょう。

そのために、真っ先に身につけてほしい力は何か。ズバリ「聞く力」です。

聞き上手になれば、気まずい沈黙の時間が激減します。共通の話材も見つけやすくなりますから、会話の双方向性がグーンと高まるという点で、コミュニケーションの土台となる最も重要な力と言えます。

これでは「聞く力」をつける以前の問題！

ところで、この「聞く力」が身についている人は意外と少ないのです。

ここで言う「聞く力」とは「傾聴力」を指します。アイコンタクトを忘れず、相づちを打ちながら共感的に聞く。これが「聞く力」の基本になります。

実際の会話の場面では、「ついつい口を挟んでしまう」「早く自分の話をしたいと思いながら聞いているので、相手の言葉が入ってこない」「興味がもてない」など、「聞く力」を身につける以前のところでつまずいている方が少なくありません。

「共感的に聞く」を徹底してみよう

面白い話、興味深い話をして、何とかその場を盛り上げようと頑張る努力を否定はしません。しかし、現実には難しいもの。

それよりも、明るい表情を崩さず、相手の話す言葉にしっかりと耳を傾けるようにしてみましょう。

同じ話を繰り返す相手に、「興味がもてない」とすげない態度を取るのではなく、「それだけ聞いてほしいんだな」と思い、相づちを打ってあげましょう。

宴会の席で一人ぽつんとしている人がいたら、お酒や料理の話を振って、反応を待ってみるのもいいでしょう。

このように本章では「聞く力」を中心に、活発な会話を実現し、良好な人間関係を形成していくための実践的なヒントをお話ししていきます。ぜひ、日頃の会話に生かしてみてください。

1
先輩に「最近、残業続きで疲れちゃって」と言われたら？

そのまま過ぎ！フレーズ

大変ですね

point
オウム返しで、意図を確認する

伝わるフレーズ

先輩、最近残業続きですよね

相手の話したいことを遮らない

このケースのように、「最近、残業続きで疲れちゃって！」と言われた場合、いろいろな解釈ができるものです。例えばこんなふうに。

「ああ、残業が続くほど〝忙しい〟と言いたいのだな！」
「ああ、残業続きで〝疲れている〟と言いたいのだな！」
「そろそろ有給休暇が取りたい、と言いたいのだな！」
「私の仕事少しは手伝って、と言いたいのだな！」

相手は、「なんとなく」「独り言のように」つぶやいているのか、明らかにあなたに訴えかけているのか、相手の「話し振り」「態度」「表情」「仕草」などからも真意をつかまなければなりません。

たとえ、毎日顔を合わせている相手だとしても、その日、その時の状況はすべて異なります。そのため相手の「意図」を正確にキャッチするのは「至難の業」と言えます。

そこで、重要になるのが「聞く力」です。ここで紹介するのは「オウム返し」という聞き方です。

やり方はいたって簡単です。

会話の中で話し手が伝えたいであろうポイントとなる言葉、キーワードを「相手が言った通りの言葉」で、「その場」で「繰り返す」だけです。

「最近、残業続きで疲れちゃって！」のキーワードは、「残業続き」です。

そこで、すかさず「残業続きなんですね」と返してみましょう。あとは話し手が「そうなんですよ！」と言って、一番強調したいことを話し始めるのです。

相手の真意や気持ちのキーワードが出てきたら、ポイントとなる「キーワード」をその場で、オウム返しして、「言葉で確認しながら聞く」だけでいいのです。

なお、オウム返しをする際も、相手の立場に立って「共感しながら聞く」という態度が必要です。さもないと、ポイントとなるキーワードを聞き逃し、とんちんかんな受け答えになる可能性もあります。

例えば相手が「先週の土曜日、念願の○○のセミナー受講したの！」と話しかけて来たとします。

このときに、「へぇ～、土曜日に行ったの！」と反応したとしたならば、きっとその場の空気が固まるのでご注意を！　言うまでもなく、オウム返しする言葉は「念願の○○セミナー」になりますね。

まとめ！

・相手が話したいテーマを「オウム返し」して掘り下げる

2
「自慢話」を打ち切りたいときは？

そのまま過ぎ！フレーズ

「そうですか。ところでこの間…」と思いついたことを話す

point 相手の話をきっかけにする

伝わるフレーズ

今のお話で、思い出したのですが

「ところで！」は言いたくても我慢する

相手の「長い話」「自慢話」は、聞いていてつらくなる話の代表格です。

そんなとき「ところで…」と言って話を転換したくなるものです。「ところで、あの件はどうなりました？」というように。

このように興味のある方向に話を振り向けると、自分はすっきりしますから、気安く使ってしまうものです。

しかし、当の本人にしてみたら、「人が話している途中なのに、この人は一体何を考えているんだ！」「失礼じゃないか！」「けしからん！」と思うことでしょう。

コレで話したい方向に上手に転換できる！

では、どうしたら自分の話したい方向へ、話題を展開することができるでしょうか。

その方法の一つが**【乗り展開フレーズ】**を使うことです。すなわち、**「今の話を聞い**

て思い出したのですが」「あぁ、今の話と関連するのですが」です。その場ですぐに、このフレーズを挟みましょう。では練習です。

「でさぁ、僕のプロジェクトが注目されたおかげでさ〜」

「あ、今の話を聞いて思い出したのですが！　最近、ウチの課で話題になっているプロジェクトがありまして……」

「え？　あ、そうなの？　何々？　どんなプロジェクト？」

このように、いきなり「ところで！」と割り込まれるよりは、はるかにスムーズに別の話題に移ることができます。ぜひお試しください。

まとめ！

- **話題を変えたくなったら「今の話を聞いて思い出したのですが」「あぁ、今の話と関連するのですが」というフレーズを使う**

3 宴会の席で、黙っている隣の人に何て言う？

そのまま過ぎ！フレーズ

こういう場は苦手ですか？

point 自己開示する

伝わるフレーズ

いやあ皆さん、盛り上がっていらっしゃいますね。私はこういう場は苦手ですけど

「自己開示」で相手のガードが解ける

このケースに登場している「宴会の席で黙っている人」は、一般に「気持ちのガード・垣根を作っている状態」にあります。

「騒がしいのが苦手」「性《しょう》に合わない」「周囲からの働きかけを待っている」、あるいは「何やら深刻な考え事をしている」といった状態が想像できます。

こうしたときに話しかけ、相手のガードを少し緩める方法の一つが「自己開示」です。

「自己開示」とは、「自分の心を開くこと」です。

初対面で打ち解けにくい相手や、このケースのように、盛り上がる場で黙っていて話しかけにくい相手と話したりする場合に有効です。

私はよく地方出張するときに、新幹線を利用していました。指定席に着くと、当然そこには初対面の乗客が座っています。

このとき、いきなり「どちらまで行かれるのですか?」と聞いたとしたら、相手は戸惑い「ええまあ」と言葉を濁して終わるでしょう。そこで、まずはこちらからこんなふうに自己開示します。

「おはようございます。私は仕事で大阪まで行くのですが、失礼ですが、どちらまでいらっしゃるのですか？」

こんな聞き方をすれば、相手も警戒心を解いて穏やかに、あるいは笑顔を伴って「私は京都までです」などと感じよく答えてくれるでしょう。

こちらが自己開示して接すれば、ほとんどの場合、相手も心を開いて接してくれます。

ぜひ勇気を出して自己開示してみましょう。

まとめ！

- **黙っている人には、自己開示してみる**
- **電車で隣り合った人と会話を弾ませるときにも有効！**

4

「やっぱりビールはA社だね！」と言われた。C社が好きなあなたは何て言う？

そのまま過ぎ！フレーズ

「そうですか？私はC社が好きですね」と素直に言う

point
こだわりに注目する

伝わるフレーズ

どうしてA社なんですか？

相手が聞きたいことに応じてあげる

相手からのちょっとした言葉や仕草に対して、いかに相手の真意をくみ取り、臨機応変に対応できるかで会話の盛り上がり方は変わります。

このケースのように、「やっぱりビールはA社だな！」と言われたとき、「そうですか？私はC社を飲んでいますが」と素直に答えた場合、相手は話を続ける機会を失ってしまいます。**この場合は、「どうしてA社なんですか？」と尋ね、相手の考えや価値観を聞き出してあげるのが正解です！**

自分のこだわりを聞いてもらえるというのは非常に心地よい体験で、十分に聞いてくれた相手には感謝の念すらわいてくるかもしれません。些細な会話の一つひとつが、あなたと相手との関係に大きな影響を及ぼしていくはずです。

まとめ！

- **相手のこだわりをていねいに聞いてあげよう**

5 名刺交換後のアイスブレイクで、どんな話題を切り出す？

そのまま過ぎ！フレーズ

今日の△△ニュース、驚きましたね

point
相手に関連する話題を探す

伝わるフレーズ

こちらのオフィス、駅から近くて便利ですね

有効な接点の探し方とは？

「接点フレーズ」をたくさん探そう！

「相手がしてほしいことを想像力を持って行動に移せる人」のことを「気配りできる人」「心配りできる人」と呼びます。

こうした人は、相手の関心事にすぐ気づいて話題を提供できるため、さまざまな相手と会話が盛り上がり、対応力の幅も広がっていきます。

とりわけ、**「会話が弾むためのきっかけ」「会話が盛り上がり、活発化するための突破口」、いわゆる、会話がかみ合うための【接点フレーズ】を提供できるかどうかが、会話の滑り出しを良くする秘訣になります。**

例えば、名刺交換後のアイスブレイクで、どのような話題をもちかければ相手は乗ってくれるでしょうか。そのきっかけは、実はとても身近な所にあるのです。

この事例のように、「今日の△△ニュース、驚きましたね」という投げかけは、あまりにも「一方的で決めつけた言い方」となります。

なぜならば、「相手も同じニュースを見ている」ことを前提に話しているからです。もし相手がそのニュースについて知らなければ、相手に恥をかかせてしまうことでしょう。まずは「相手基軸」で考え、相手側の周辺情報について調べる習慣を身につけましょう。

そうすれば、こんな問いが次々と思い浮かぶはずです。

「雨の日でも濡れないで来られるんですね」

「HPで拝見したんですが、このロゴの意味××なんですね！」

「この部署名は、初めて拝見しますね」

いかがでしょうか。

「聞く力」、即ち「尋ねる力」が会話をスムーズにし、ビジネスチャンスを引き寄せられるか否かの分岐点となるのです。

まとめ！

・訪問先の情報を事前に調べておき、アイスブレイクのネタにしよう

6
〈接客①〉お客さまが来店したとき、どう声をかける？

そのまま過ぎ！フレーズ

「いらっしゃいませ。ご自由にお手にとってご覧ください！」と言って近づく

point
心理的圧迫感を与えない

伝わるフレーズ

「こんにちは」とその場で会釈する

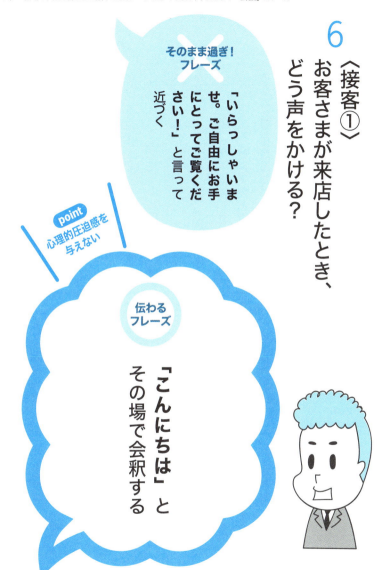

心に響くフレーズとは？

「当たり前フレーズ」は見直そう！

接客用語の代表格であるフレーズと言えば、「いらっしゃいませ」です。

しかし、お客さまとの距離を縮めるコミュニケーションを目指すのであれば、盲目的にこのフレーズを使うことはお勧めできません。

なぜならば、「いらっしゃいませ！」というフレーズでは、どんなに元気よく明るく声を発したとしても、お客様の立場からすると、「返事の言葉を発することができない！」からです。

このように、**日常で無意識に発する【当たり前フレーズ】は一度見直してみる必要があるかもしれませんね。**

「失礼します！」「どうも！」「お世話になっております」なども、日常当たり前のように使うフレーズですが、ＴＰＯを考えて使い分けたいところです。

例えば、面接時、ドアをノックして面接室に入る第一声は「失礼します……」となりがちですが、伏し目がちで、下を向いた姿は決して「積極的な姿勢」には映らないものです。

「こんにちは」と明るく会釈した後に、「〇〇と申します。本日はお話しさせていただくのを楽しみにしております」と言葉をつなげれば、前向きな姿勢が伝わり、相手の印象にもしっかりと残ることでしょう。

とても難しいことかもしれませんが、ちょっと意識するだけで、日常、発するフレーズが新鮮に相手の心に響くフレーズへと変化します。

常に新しい、自分の言葉で、相手を思いやったフレーズにアレンジしてください。

まとめ！

・当たり前フレーズを見直し、自分の言葉でアレンジしてみよう

〈接客②〉売れ筋商品を聞かれたとき、どう答える？

そのまま過ぎ！フレーズ

△△がよく売れています。絶対にお買い得ですよ！

point
提案するときは強制しない

伝わるフレーズ

××や△△、◎◎などが売れています。お求めになりたいのはどんな商品ですか？

負担感を軽くする

どんなに素晴らしいものでも、押し付けられると、反射的に拒否したくなってしまうもの。それでは、相手の自発意思を喚起する方法はあるのでしょうか。

その一つが「負担感を軽くする」という方法です。

こちらから勧めると「押しつけ感」「決め打ちの強制感」を抱くので、**お勧めの商品を「売れています」という事実をもとに紹介し、「どんな商品がよろしいですか」と質問する**ことで「相手が自ら選ぶ」という状況に変えることができるのです。

なお、求めすぎるのは厳禁です。「10のうち8やって！」では気が重くなりますが、「10のうち2だけで結構です！」となれば、相手もYESと言いやすくなります。

まとめ！

- **相手が「自ら選ぶ」という状況をつくってあげよう**

〈接客③〉買おうかどうか迷っているとき、どう背中を押す？

そのまま過ぎ！フレーズ

とてもお似合いですよ

point
共感しつつ専門家としての視点で話す

伝わるフレーズ

その色、お好きなんですか？

共感しつつ、アドバイスしよう

お客さまが買おうかどうか迷っているとき「とてもお似合いですよ」では、「決めつけられ感」を抱いてしまうかもしれません。なぜならば、ファッションに関する話題となると、かなり個人差や「こだわり」が生じてくるからです。

この例の場合も、「その色、お好きなんですか」と「押しつけ感」をできるだけ消すようにします。そして、相手が、

「ええ、好きなんです」

と返してきたら、ここで「とてもお似合いですよ」と共感して、できればその後に、「この色は、実は今年の流行りの色なんですよ」と専門家ならではの意見を入れると、より相手の気持ちをつかむことができます。

まとめ！

・ステレオタイプな接客用語は脇に置き、共感的な自分の言葉で伝えよう

エピローグ

人生を変える「とっさの伝え方」

誰にでも、「忘れられない言葉」があるものです。

その言葉がきっかけで、上司を尊敬したり、猛烈に仕事に励んだりすることで、自分自身の人生すら変わっていきます。

ある組織の部長Aさんから聞いた話です。Aさんが何十年もその会社で働くきっかけとなり、その言葉によって今の自分もあるとおっしゃっていました。

それは、新入社員のときの出来事でした。Aさんは文章を書くことに長けていて、上司、特に当時の部長から絶大なる信頼を得ていました。例えば、部長の元に課長が書類を持っていくと、部長は決まってこう言ったそうです。

「この文章はA君の目を通したのかな？」

そんなある日のこと、Aさんは文章をチェックしてもらうために課長の元へ行ったのですが、外出中だったそうです。

Aさんは、「自分は部長に信頼されているのだから、問題ない！」と自分勝手に判断して、その文章を外部に出してしまいました。

その後、提出済みの文章を念のため確認すると、悪い予感が当たりました。かなり重大なミスでした。一瞬迷いましたが、彼はすぐに外出中の課長に報告と謝罪をしました。内容を聞いた課長は「これは部長に相談しなければ、自分の権限では解決できない」と判断し、一目散に社に戻り、Aさんと一緒に部長の元へ相談に行きました。

部長はしばらく文章をじっと見ていましたが、やがてAさんの方に体を向けました。

Aさんは、怒鳴られる覚悟をしていたら、部長の口から信じられない言葉が発せられました。

「Aさん、ありがとう！」

と言うのです。その後、部長はこう続けました。

「確かに上司に断りなく外部に文章を提出したのは悪いが、間違いに気づいたとき、直ぐに報告してくれた。今なら何とか対応できる。あと少しでも遅れていたら取り返しのつかない結果となった。だから知らせてくれた君の勇気に対して感謝したのだ。ありがとう！」

この言葉を聞いて、Aさんは「もう絶対に自分勝手に決めない！」と誓うと同時に、「この部長のために恩返ししよう！」と心に決めました。その後、仕事に邁進することで順調に昇格し、今では自分自身が部長という立場に立って、部下を指導・育成しているそうです。

窮地に立たされたとき、想定外の結果が訪れたときこそ、人の心を一変させる「とっさの伝え方」が求められます。そのときどのように考え、伝えるかによって、自分自身のみならず、相手の人生にも大きな影響を及ぼすのではないでしょうか。この本でお伝えする「とっさの伝え方」が、あなたの人生を少しでも豊かにしてくれる一助となれば幸いです。

櫻井　弘

著者略歴

櫻井弘（さくらい・ひろし）

東京都港区出身。現在、株式会社 櫻井弘話し方研究所代表取締役社長、株式会社 話し方研究所顧問。

コミュニケーションの原則にもとづいた、日常の話し方・聞き方を発信・指導している。民間企業をはじめ、人事院、各省庁、自治大学校、JMAなどの官公庁・各種団体で、コミュニケーションに関する研修・講演を実施し、クライアントは1000社以上にもなる。人間的な温かみと実践的な指導に定評がある。

近著に『仕事ができる人は、なぜ「この話し方」をするのか?』(KADOKAWA)、『相手のイエスを必ず引き出す　モノの伝え方サクッとノート』（永岡書店）、『会話が弾むのは、どっち⁉』（ワニブックス）、『出世の99%は「挨拶力」で決まる』（双葉社）などがあり、著書は60冊にも及ぶ。

URL:http://www.sakurai-hanashikata.com/

とっさの伝え方○×ルール37

2015年8月30日　第1刷発行

著　者　櫻井弘
発行者　徳留慶太郎
発行所　株式会社すばる舎
〒170-0013　東京都豊島区東池袋3-9-7 東池袋織本ビル
TEL 03-3981-8651（代表）
03-3981-0767（営業部直通）
振替　00140-7-116563
印　刷　ベクトル印刷株式会社

乱丁・落丁本はお取り替えいたします。

ISBN978-4-7991-0455-2